UN COMPAGNON DE POCHE DU
GUIDE PMBOK® DU PMI
BASÉ SUR LE *GUIDE PMBOK®* 5ÈME EDITION

Other publications by Van Haren Publishing

Van Haren Publishing (VHP) specializes in titles on Best Practices, methods and standards within four domains:
- IT and IT Management
- Architecture (Enterprise and IT)
- Business Management and
- Project Management

Van Haren Publishing offers a wide collection of whitepapers, templates, free e-books, trainer materials etc. in the **Van Haren Publishing Knowledge Base**: www.vanharen.net for more details.

Van Haren Publishing is also publishing on behalf of leading organizations and companies: ASLBiSL Foundation, CA, Centre Henri Tudor, Gaming Works, IACCM, IAOP, IPMA-NL, ITSqc, NAF, Ngi, PMI-NL, PON, The Open Group, The SOX Institute.

Topics are (per domain):

IT and IT Management	Architecture (Enterprise and IT)	Project, Program and Risk Management
ABC of ICT	ArchiMate®	A4-Projectmanagement
ASL®	GEA®	DSDM/Atern
CATS CM®	Novius Architectuur Methode	ICB / NCB
CMMI®	TOGAF®	ISO 21500
COBIT®		MINCE®
e-CF	**Business Management**	M_o_R®
ISO 20000	BABOK® Guide	MSP™
ISO 27001/27002	BiSL®	P3O®
ISPL	EFQM	PMBOK® Guide
IT Service CMM	eSCM	PRINCE2®
ITIL®	IACCM	
MOF	ISA-95	
MSF	ISO 9000/9001	
SABSA	Novius B&IP	
	OPBOK	
	SAP	
	SixSigma	
	SOX	
	SqEME®	

For the latest information on VHP publications, visit our website: www.vanharen.net.

FRANCE CHAPTER
PROJECT MANAGEMENT INSTITUTE

Un compagnon de poche du

Guide PMBOK®
du PMI

Basé sur le *Guide PMBOK®* 5ème Edition

A quick introduction to
'A Guide to the Project Management Body of Knowledge'
(PMBOK® Guide)
*"PMI," "PMP," and "PMBOK," are registered marks for
the Project Management Institute, Inc.*

Anton Zandhuis PMP
Paul Snijders PMP
Thomas Wuttke PMP

Van Haren
PUBLISHING

Colophon

Titre:	Un compagnon de poche du *Guide PMBOK®* du PMI
	Basé sur le *Guide PMBOK®* 5ème Edition
Série:	PM series
Auteurs:	Anton Zandhuis PMP
	Paul Snijders PMP
	Thomas Wuttke PMP
Traduction en français:	Stéphanie de Agostini (Chapitre PMI de France)
	Moulay Hachem Babahabib (Chapitre PMI du Maroc)
	Anass Boulaich (Chapitre PMI du Maroc)
	Julien Brisard (Chapitre PMI de France)
	Vincent Coustillac (Chapitre PMI de France)
	David Djian (Chapitre PMI de France)
	Rose-Hélène Humeau (Chapitre PMI de France)
	Samuel Kinde (Chapitre PMI de Belgique)
	Cyril Laurent PMP (Chapitre PMI de France)
	Ignace de Nolin (Chapitre PMI de Belgique)
	Stéphane Parent (Chapitre PMI du Nouveau Brünswick)
	Didier Prod'homme (Chapitre PMI de France)
	Thierry Soulard (Chapitre PMI de France)
Relecteurs 2ème édition:	Alfonso Bucero (PM Consulting)
	Porfirio Chen (PM Consultant)
	Iain Fraser (Project Plus Ltd)
	Alfred J. Howard (PM by Pros)
	Crispin Piney (PMI France Sud)
	Ray Riedel (HP USA)
	Rodney Turner (Lille University)
	Thomas Walenta (IBM Industrial Sector, Automotive & Electronics North)
Relecteurs 3ème edition:	Porfirio Chen (PM Consultant)
	Iain Fraser (Project Plus Ltd)
	Thomas Walenta (IBM Industrial Sector, Automotive & Electronics North)
	Bill Yates (Velociteach)
Rédacteur:	Diana Hochraich
Editeur:	Van Haren Publishing, Zaltbommel, www.vanharen.net
ISBN Hard copy:	978 94 018 0014 3
ISBN eBook:	978 94 018 0549 0
ISBN ePub:	978 94 018 0563 6
Impression:	Première édition, première impression, Septembre 2014
Mise en page et conception:	CO2 Premedia, Amersfoort – NL
Copyright:	© Van Haren Publishing, 2009, 2014

Table des matières

Avant-propos de l'édition française

Il y a quelques années de cela, l'immense majorité de la documentation de référence en management de projet était disponible uniquement en anglais. Il semblait donc naturel de considérer cette langue comme une sorte de langue «officielle» de cette discipline. Le management de projet est vaste: il comprend des domaines de connaissance variés et repose sur un large éventail de termes et de notions. Commencer à s'y intéresser en tant qu'anglophone naturel n'est déjà pas si simple, mais le faire sans maîtriser cette langue est un objectif parfois difficile à atteindre.

Le PMI a toujours eu pour objectif de répandre les bonnes pratiques de management de projet. Quelle meilleure manière de les diffuser existe-t-il si ce n'est de les transmettre dans la langue maternelle des professionnels?

Avec les efforts de traductions effectués dans un premier temps au niveau du *Guide PMBOK®*, la langue est de moins en moins un obstacle pour les vocations de chef de projet de par le monde. Mais si le *Guide PMBOK®* est en lui-même une bonne référence, il n'est pas adapté aux besoins de ceux qui souhaitent se former. Ce compagnon de poche au *Guide PMBOK®* fournit le référentiel PMI sous une forme résumée, plus simple d'accès pour ceux qui souhaitent apprendre, notamment pour obtenir des certifications du PMI.

Les chefs de projet francophones, qui ne maîtrisent pas suffisamment l'anglais, aspirent aussi à l'excellence, et pourront ainsi tirer parti de cette version française et contribuer à leur tour à la profession sur la base de leur expérience.

La traduction de ce livre a été rendue possible grâce aux efforts désintéressés de l'équipe de volontaires du PMI, réunie par le groupe PMI Francophonie:

Moulay Hachem Babahabib et Anass Boulaich (Chapitre PMI du Maroc); Samuel Kinde et Ignace de Nolin (Chapitre PMI de Belgique); Stéphane Parent (Chapitre PMI du Nouveau Brünswick); David Djian, Julien Brisard, Stéphanie de Agostini, Vincent Coustillac, Rose-Hélène Humeau, Thierry Soulard, Didier Prod'homme et moi-même (Chapitre PMI de France). Enfin, l'équipe entière se joint à moi pour remercier les auteurs et plus particulièrement Anton Zandhuis pour son aide et sa passion du management de projet, ainsi que Bart Verbrugge, Directeur de la publication chez Van Haren Publishing. Au nom de toute la communauté francophone du management de projet: un grand et franc Merci!

Cyril Laurent, PMP®
PMI Francophonie
Chef de projet de la traduction française

Préface

Des milliards de dollars sont dépensés chaque année dans des projets de tous secteurs et industries. Réaliser des projets avec succès est devenu essentiel pour la croissance et la survie d'une organisation sur le long terme. La réussite ne relève pas du hasard et il ne suffit pas de pouvoir compter sur l'efficacité individuelle d'un chef de projet. Afin que ces «miracles» se produisent, il est nécessaire que toutes les parties prenantes du projet aient des connaissances de management de projet et disposent de processus bien définis pour s'assurer véritablement de leur coopération et de leur engagement. Un changement relativement faible dans l'état d'esprit et les actions de toutes les parties prenantes, permettant ainsi une coopération réelle en vue de la réussite du projet, constituera un apport significatif et continu à cette réussite. C'est ce que nous vous offrons avec ce compagnon de poche du *Guide PMBOK®* du PMI.

Étant donné le succès de «A pocket companion to PMI's *PMBOK® Guide* – Based on *PMBOK® Guide* Fifth Edition», nous n'avons pas hésité à créer une nouvelle mise à jour entièrement cohérente avec la cinquième édition du *Guide PMBOK®* (2013). Si vous êtes déjà familier avec le *Guide PMBOK®*, le titre de ce livre, «Un compagnon de poche du *Guide PMBOK®* du PMI», correspond à vos attentes. Toutefois, si vous ne connaissez pas encore le *Guide PMBOK®* (Corpus de connaissances en management de projets), sachez qu'il est largement reconnu comme une référence mondiale en matière de management de projet, confirmé par le fait que plus de deux millions d'exemplaires sont en circulation. Toutefois, ce référentiel est assez volumineux et a besoin d'une version réduite et facilement accessible, pour ainsi faciliter une adoption simple par un public plus large. Ce guide de poche est destiné à répondre à ce besoin, en fournissant une introduction brève et simple et un résumé de haut niveau du *Guide PMBOK®* 5ᵉ édition.

Au niveau individuel, cette édition de poche est particulièrement utile pour les principales parties prenantes des projets, incluant les directeurs de programme, chefs de projet et les membres de l'équipe de projet, car ce sont les trois rôles clés que nous distinguons dans ce livre. Cette édition est également utile pour la gouvernance de projet, pour un rôle de soutien (par exemple en tant que membre d'un Project Management Office, PMO) ou en tant que gestionnaire de portefeuille. Elle aidera l'ensemble de ces parties prenantes du projet de deux façons:

- mieux s'acquitter de leur rôle dans les projets du fait de leur compréhension des bonnes pratiques de base en management du projet,
- mieux appliquer l'approche partagée du management de projet au sein de toute l'organisation.

Cela deviendra un principe fondamental pour réaliser conjointement la stratégie organisationnelle.

Au niveau organisationnel, cette édition permet de structurer et soutenir une approche de projet «dirigée par le cycle de vie», ainsi que de s'assurer que toutes les parties prenantes du projet parlent le «même langage». Cela permettra d'améliorer l'application pratique des processus du management de projet, compris par tous et appliqués de façon uniforme. La flexibilité du concept ne prescrit pas de structure rigide, et il permet à tous les organismes et équipes de projet de l'adapter à leur niveau et à leurs besoins, parfois appelé «management de projet *lean*».

Avec la diffusion du *Guide PMBOK®*, le Project Management Institute (PMI), a créé une norme internationale en matière de gestion de projet. Beaucoup de méthodes de management de projet se réfèrent à cette norme. Il est reconnu comme une norme ANSI pour les processus de gestion de projet. La norme «ISO 21500», sur le management de projet est structurée sur le même modèle (seuls certains noms diffèrent légèrement) et plus de 90% des processus sont en commun avec le *Guide PMBOK®*. D'autres normes internationales tendent à suivre la même direction. Le *Guide PMBOK®* est donc une donnée d'entrée fondamentale lorsqu'il s'agit de coopérer à des projets et de réunir des forces pour la réussite des projets.

Les études confirment que l'excellence au niveau organisationnel en matière de management de projet apporte des avantages clairs et tangibles pour les organisations qui mettent continuellement en œuvre des projets, afin de suivre l'évolution des environnements et des demandes. Nous vous encourageons, ainsi que votre communauté du management de projet et les parties prenantes de vos projets, à vous familiariser avec les connaissances et les processus du *Guide PMBOK®*, afin de bénéficier, et même accroître, ces avantages.

Janvier 2013,

Paul Snijders, PMP
Thomas Wuttke, PMP
Anton Zandhuis, PMP

Chapitre 1
Introduction

1.1 Objectif de ce compagnon de poche du *Guide PMBOK*® du PMI

Ce compagnon de poche du *Guide PMBOK*® est conçu comme une référence concise pour aider à comprendre rapidement l'objectif, le fond et les éléments clés du *Guide PMBOK*® 5ème édition.

Quelle est la valeur du *Guide PMBOK*®? Le *Guide PMBOK*® est mondialement reconnu comme la référence fondamentale pour l'application des connaissances et de bonnes pratiques de gestion de projet. Les études ont confirmé que l'application structurée de ces pratiques et connaissances améliore nettement la réussite des projets. Les environnements des projets qui appliquent avec cohérence cette approche fondamentale de bonnes pratiques de gestion de projet obtiennent non seulement de meilleures performances en termes de réduction de coûts et de temps de livraison, mais aussi des niveaux supérieurs de satisfaction des clients. Il y a donc beaucoup à gagner avec l'application des bonnes pratiques de gestion de projet décrites dans le *Guide PMBOK*®.

Lorsque l'on travaille dans un environnement de gestion de projet bien plus dynamique que les opérations «régulières», une bonne communication est essentielle. Pour ce faire, vous avez besoin d'un «langage commun» au sein de votre environnement de gestion de projet, qui soit compris par toutes les personnes impliquées, et plus particulièrement par les principales parties prenantes du projet. Ce guide de poche vise à établir rapidement un vocabulaire et une terminologie partagés sur les fondamentaux du management de projet et à établir une compréhension commune des processus basiques du management de projet, ainsi que des principaux rôles et responsabilités.

Qu'est-ce-qu'il n'est pas? Il ne s'agit surtout pas d'un «livre de recettes de management de projet». Le chef de projet et l'équipe restent *in fine* responsables de décider quelles bonnes pratiques doivent être appliquées au projet spécifique dont ils ont la charge, en étroite coopération avec le commanditaire du projet et avec la direction de l'organisation concernée. Au niveau organisationnel, ceci peut être amélioré en mettant en œuvre une méthode de management de projet, basée sur ces bonnes pratiques.

En résumé, ce guide de poche est conçu comme une contribution décisive et un atout tangible, lors de l'introduction ou le renforcement des concepts de management de projet, du programme et du portefeuille dans votre organisation, en vue d'améliorer la communication et la coopération. Il favorise la mise en œuvre d'une culture de management de projets dans l'ensemble de l'organisation, car il permet «d'exécuter les bons projets correctement et du premier coup»!

Dans le chapitre 3, vous trouverez une description plus détaillée du *Guide PMBOK®*, de ses définitions fondamentales et de sa structure. Dans les chapitres 4 à 13, nous verrons plus en détail les domaines de connaissance de management de projet et les processus qu'ils recouvrent.

1.2   Conseils pratiques pour utiliser ce guide de poche

Sur la page de couverture supplémentaire attachée au dos de ce livre, vous trouverez tous les domaines de connaissance, leurs processus applicables et les numéros des chapitres associés. Sur les pages du guide de poche, chaque chapitre est reconnaissable par l'icône en bordure de page, représentant le domaine de connaissance applicable, vous permettant de retrouver rapidement le sujet recherché.

Les principaux termes et définitions sont expliqués par une sélection restreinte du Glossaire du *Guide PMBOK®*, en Annexe A.

1.3   Le management de projet et sa valeur

Chaque organisation possède sa culture propre et fait face à divers défis. De même, les organisations démarrent avec différentes situations et ensembles de problèmes à résoudre. Afin de pouvoir définir la valeur du management de projet dans ce contexte, nous avons d'abord besoin de définir avec précision ce que le «management de projet» signifie, car il s'agit là d'un vaste concept. Nous pourrons alors regarder les divers aspects du management de projet et montrer pour chacun la valeur associée.

> *Définition du PMI:*
> Management de projet: Application de connaissances, de compétences, d'outils et de techniques au projet afin d'en respecter les exigences.

Ceci est accompli par l'application des processus de management de projet.

Les études montrent de manière cohérente que, avec la complexité grandissante et l'accélération du changement des environnements rencontrés par les entreprises, les projets gérés avec une application structurée des processus basés sur de bonnes pratiques, ont de meilleures performances, entre autres, dans des domaines suivants:
- «Livré comme promis» par l'établissement d'anticipation de délais réalistes pendant les phases préliminaires de l'avant-projet, la planification et estimation du projet;
- Des livraisons plus rapides en réutilisant des processus de projet communs et connus;
- Moins de «surprises» durant l'exécution du projet, en utilisant des processus de management de projet proactifs;

- Une meilleure satisfaction du client et moins de travail de reprise, en livrant le bon produit ou service, correctement, du premier coup.

Ces opportunités, couplées aux économies rendues possibles par l'excellence organisationnelle en matière de management de projet sont évidentes. Mais la valeur ajoutée du management de projet est bien plus importante et inclut aussi des bénéfices moins visibles, tels que:

- Une équipe hautement impliquée et motivée sachant mieux travailler ensemble, sur la base d'un objectif clair et au moyen d'une communication efficace;
- Un environnement de management de projet créatif, animé par l'esprit du «on peut le faire», grâce à des objectifs ambitieux et cependant réalistes;
- Une prise de décision améliorée et transparente à tous les niveaux de l'organisation, grâce à une communication plus efficace.

Ces bénéfices qualitatifs vont même renforcer les avantages quantitatifs, garantissant qu'une organisation est capable de se surpasser.

Beaucoup d'organisations ont bâti leur réputation sur leur capacité à livrer des projets d'excellente qualité. Cependant, la majorité des organisations a toujours des difficultés à obtenir ces résultats. Avez-vous déjà été confronté aux problèmes suivants?

- Les projets sont livrés pour la plupart en retard, hors budget, ou bien ils sont non conformes aux conditions fonctionnelles ou à celles requises par le métier, formulées par le commanditaire ou par les utilisateurs finals;
- Les chefs de projet font «à leur manière» car il n'y a pas, ou très peu, de standards disponibles pour les processus et techniques de gestion de projet;
- La gestion de projet est perçue comme un coût supplémentaire de fonctionnement au lieu d'être reconnue pour sa valeur ajoutée;

- La mise en œuvre du projet effectué par des ressources internes à l'organisation ne fait pas l'objet d'une planification spécifique, car il est perçu comme étant «proche de la fonction principale de l'entreprise»;
- Les budgets des projets n'incluent pas le coût des travailleurs internes car ils sont «déjà payés pour»;
- Il n'y a pas de vision globale de l'ensemble des projets en cours dans l'organisation, pas plus qu'une comparaison entre leur coût et la valeur ajoutée qu'ils apportent (étude économique);
- Le travail requis pour gérer les projets de manière proactive n'est pas inclus dans le plan du projet;
- Les projets peuvent être finalement des «succès» mais au prix de beaucoup de stress et d'heures supplémentaires travaillées.

Vous reconnaissez les situations ci-dessus? Un management de projet discipliné permet de surmonter ces insuffisances. La valeur d'une bonne pratique de management de projet, utilisant des processus de management standardisés, est d'assurer une meilleure communication pour traiter les aléas de manière proactive. Ainsi, les chances de succès des projets vont augmenter substantiellement et continuellement. De nouvelles procédures et processus de management seront établis; ils vous permettront de diriger votre organisation comme une entreprise économique.

1.4 Remplir avec succès votre rôle de commanditaire, de membre de l'équipe ou de chef de projet

Comprendre votre rôle dans un projet et agir en conséquence est crucial pour le succès du projet. Nous soulignons ci-dessous les 3 rôles les plus importants pour le succès de la réalisation d'un projet:

1. **Le Commanditaire** du Projet agit comme le lien permanent entre la hiérarchie de l'organisation et le projet. C'est le commanditaire qui a

la responsabilité, au démarrage, de définir l'étude économique pour le projet, en répondant aux questions suivantes: Pourquoi devrions-nous réaliser ce projet? Quels sont les besoins de l'organisation commanditaire? Une fois que le projet est approuvé, le chef de projet prend la responsabilité de «livrer la définition des objectifs du projet». Le commanditaire remplit encore un rôle tout aussi important en s'assurant que la définition de l'objectif du projet est cohérente avec le but du projet. Le commanditaire doit, entre autres, s'assurer que l'organisation maintient ses décisions initiales à propos de la définition de l'objectif, en prévenant donc les changements de priorité incessants que pourraient créer des difficultés quotidiennes à l'organisation. Le commanditaire du projet joue par conséquent un rôle important en s'assurant qu'il y a suffisamment d'appui de la part du management fonctionnel et opérationnel, qui à son tour remplit un rôle clef en assignant les ressources appropriées à l'équipe de projet. Le commanditaire doit aussi renforcer la capacité de l'organisation à prendre en charge le résultat du projet lorsqu'il est livré, car c'est à ce moment que les bénéfices et l'amélioration de la valeur commerciale du projet débutent. Pour y parvenir, le commanditaire doit travailler en étroite collaboration avec le chef de projet. Une communication fluide entre ces deux rôles est cruciale pour le succès du projet et de l'organisation.

2. **L'équipe (de management) du projet** est responsable notamment d'apporter l'expertise et d'exécuter le travail requis pour créer le résultat du projet. Durant les phases initiales du projet, elle va se concentrer sur la définition de la meilleure approche pour le projet et sur le développement d'un plan réaliste de haut niveau pour celui-ci; en d'autres termes, sur la **planification**. Dans les phases d'exécution, en se basant sur son expertise, il réalise les objectifs du projet et de ses sous-composants spécifiques. Une représentation suffisante au sein de l'équipe de projet de l'organisation qui reprendra la responsabilité, une fois le projet accompli, est essentielle pour assurer une transition fluide

des objectifs du projet à l'organisation chargée des opérations ou au
commanditaire.

3. **Le chef de projet** est responsable en dernière instance de la livraison
   des objectifs définis du projet. Les éléments clefs de ce rôle sont le
   management des parties prenantes, et le **suivi** de l'équipe de **projet**,
   ainsi que des parties prenantes appropriées dans la sélection et
   l'application des bons processus de management de projet, au bon
   moment. Mais tout doit être effectué en fonction de la livraison de
   l'objectif du projet. Le chef de projet doit profiter de l'expérience
   commerciale du commanditaire et de sa position influente, et
   lui transmettre tous les problèmes, relatifs ou non aux aspects
   commerciaux, qui ne peuvent pas être réglés par l'équipe de projet.

Pour tout projet, ces rôles décisifs pour le succès de la livraison du projet
doivent être clairement décrits et compris, de manière à ce que les parties
prenantes agissent en conséquence.

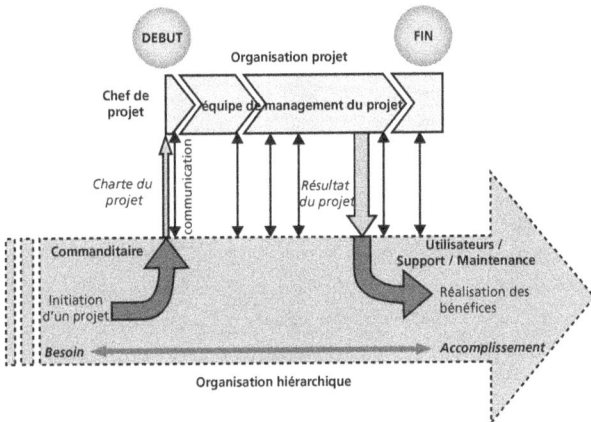

Figure 1.1 Relations communes entre l'organisation hiérarchique et l'organisation du projet

La Figure 1.1 décrit les relations entre l'organisation hiérarchique et l'organisation projet, et définit la place des différents rôles.

1.5   Questions / Réponses

Nous avons identifié des questions typiques qui peuvent se poser lorsqu'on est confronté pour la première fois avec le management de projet ou le *Guide PMBOK®*.

Qu'est-ce qu'un projet?

> *Définition PMI:*
> Un effort temporaire initié dans le but de fournir un produit, un service ou un résultat unique.

Cela signifie:

- qu'il a un début et une fin définis, donc que le projet est temporaire;
- qu'il a un certain «volume» de travail qui requiert une forme d'organisation, sinon ce n'est pas un effort;
- qu'il ne s'agit pas d'une activité de routine, car il ne suit pas les procédures normales, parce qu'il recèle quelque chose d'unique;
- qu'il crée un résultat final, que ce soit un produit, un service, ou un résultat au sens large.

Il existe des projets de tout type ou niveau, impliquant que le management de projet est adapté au projet en question. Mais il est de la responsabilité de l'organisation de décider, en premier lieu, si l'objectif désiré doit être réalisé en concevant un projet, et alors de l'organiser comme tel.
(Guide PMBOK® Chapitre 1.2)*

Le «management de projet» est-il une profession?

Bien qu'il n'existe pas de définition communément admise du terme
«profession», nous pouvons le décrire comme:

«Un groupe discipliné d'individus qui adhèrent à des standards éthiques
définis et qui s'affirment comme disposant de compétences et de
connaissances spécifiques dans un corpus d'apprentissage organisé,
globalement reconnu, acquises à l'aide d'une formation et de l'éducation,
appliquant ces connaissances et ces compétences dans l'intérêt des autres.»

Avec des projets qui deviennent de plus en plus complexes, la demande
de compétences de chef de projet augmente aussi. Par exemple, tout le
monde sait appliquer un pansement à une blessure mais cela ne fait pas
de tout le monde un médecin. Le besoin d'obtenir des compétences,
des connaissances, et une éducation spécifiques, afin d'exercer le rôle de
chef de projet avec succès, est globalement reconnu. Cela est confirmé
au niveau universitaire, car il existe désormais des diplômes de Master en
management de projet.

Pour des professions comme par exemple les avocats, les médecins,
etc., la responsabilité du bien-être, de la santé et de la sécurité de la
communauté prime sur toute autre considération. Cet aspect est aussi
confirmé par le «code d'éthique» du PMI, dont la signature est requise
pour l'obtention d'une de ses certifications. Les caractéristiques d'une
discipline professionnelle incluent aussi l'utilisation d'un vocabulaire
commun. Le Lexique des termes de management de projet du PMI fournit
les fondements d'un vocabulaire professionnel.

Nous pouvons donc naturellement conclure que le management de projet
est devenu une profession.
(Guide PMBOK® Chapitre 1.1 et 1.7)

Pouvez-vous gérer efficacement une organisation hiérarchique (opérations) sans projet?

Les organisations hiérarchiques sont généralement centrées sur la fonctionnalité, se focalisant sur les opérations quotidiennes, avec un effort d'amélioration continu pour «faire mieux leur travail». Les opérations peuvent donc être difficiles à modifier de façon importante, notamment lorsque la raison de ce changement se trouve hors de leurs responsabilités fonctionnelles. En outre, les projets et le management de projet sont consacrés à la mise en œuvre de changements nécessaires des opérations pour rester compétitif. Actuellement, il est quasiment impossible pour une organisation de survivre sans avoir de projet, même si les projets ne sont pas formellement reconnus mais qu'ils sont en tout état de cause exécutés. Le nombre croissant de «réorganisations» le reflète, toujours avec l'objectif de s'assurer que l'organisation hiérarchique s'adapte à la complexité grandissante de l'environnement et à ses changements toujours plus rapides. En raison du nombre croissant des changements et des risques associés, il faut porter davantage d'attention aux projets. Il faut aussi une approche plus professionnelle du management de projet, capable de garantir que les changements sont livrés et gérés d'une manière appropriée, ce qui aidera les organisations hiérarchiques à continuer à «faire les choses bien, de la bonne façon» et à progresser.
(Guide PMBOK® Chapitre 1.5)*

À quoi sert le *Guide PMBOK®*?

Le *Guide PMBOK®* décrit une approche professionnelle du management de projet, applicable la plupart du temps à l'essentiel des projets. Cette approche est fondée sur sa valeur et sur les bénéfices qu'il apporte, démontrés par l'expérience, par la contribution de milliers de praticiens à l'échelle mondiale.
(Guide PMBOK® Chapitre 1.1)*

Le *Guide PMBOK®* est-il une méthode?

Le *Guide PMBOK®* est considéré comme un standard ainsi que comme un cadre de travail.

Un cadre de travail peut être défini comme une structure conceptuelle de base, permettant une utilisation homogène de différents groupes de processus de métier, tout en augmentant la discipline de management. Il prédéfinit les livrables communs en entrée et en sortie des processus de métier. Un cadre est une tactique bien définie pour maîtriser l'environnement complexe d'une organisation de manière simple. En tant que tel, le *Guide PMBOK®* a la fonction d'établir une taxonomie complète ou une carte de l'intégralité du corpus de connaissances en management de projets.

Un standard est un document établi par consensus et approuvé par une entité reconnue, fournissant des règles, des directives ou des caractéristiques pour des activités ou leurs résultats, pour une utilisation commune et répétée, visant à atteindre un degré d'ordre optimal dans un contexte donné. Développé suivant un processus fondé sur le consensus, l'ouverture, la légalité et l'équité, le *Guide PMBOK®* est l'un des standards du PMI qui fournit des orientations visant à atteindre les résultats des projets.

Une méthode décrit le processus par lequel une tâche est réalisée, c'est à dire une manière prescrite d'exécuter un processus. Étant une référence fondamentale, le *Guide PMBOK®* est plutôt un standard ou un cadre de travail qu'une méthode. Bien que les processus de gestion de projets y soient décrits, ainsi que les outils et techniques usuellement appliqués, il ne prescrit pas la manière de faire. En pratique, pour la mise en œuvre de ce cadre, plusieurs méthodes de management de projets peuvent être définies, appliquées et adaptées correctement au domaine d'application et au sujet spécifique des projets (comme Agile, Waterfall, PRINCE2, etc.). Mais avant de pouvoir sélectionner, définir, ou appliquer toute méthode

de gestion de projets, il doit y avoir une compréhension commune et profonde du cadre de management de projets.
(Guide PMBOK® Chapitre 1.1*)*

Comment cette édition de poche est-elle alignée sur le *Guide PMBOK®* et comment en savoir plus?

Créer une vision partagée, une structure commune, sur la base de laquelle élaborer une vision cohérente, est essentiel pour une communication claire et concise. Pour cette raison nous avons simplement maintenu la structure du *Guide PMBOK®*. En conséquence, les chapitres 1 à 3 donnent une introduction de haut niveau permettant d'élaborer cette conception commune, ainsi que le font les trois chapitres du *Guide PMBOK®* à un niveau nettement plus détaillé. Nous avons ensuite vérifié la cohérence complète de ce guide de poche avec le *Guide PMBOK®* original pour ce qui est de la numérotation des chapitres 4 à 13, ainsi que de leurs sous-sections (par exemple section 4.1 – Élaborer la charte du projet). Donc, lorsque vous cherchez une explication plus détaillée pour comprendre un sujet donné, vous pouvez vous référer simplement au numéro de chapitre et de la section correspondant dans le *Guide PMBOK®*.

Peut-on être certifié sur le *Guide PMBOK®* en tant qu'individu ou organisation?

Le PMI a mis en place plusieurs certifications individuelles pour les rôles du management de projet, parmi lesquelles celle de «Praticien Certifié en Management de Projets» (CAPM)® et celle de «Professionnel du Management de Projet (PMP)®» qui se fondent sur le *Guide PMBOK®*. Le PMI ne produit pas de certification organisationnelle comme le font ISO ou ANSI. À ce sujet, la norme, *ISO 21500 Lignes directrices sur le management de projet* a été publiée récemment (2012). Cependant, ce standard n'a pas encore atteint le niveau de référence sur la base duquel les organisations peuvent être certifiées (comme par exemple pour ISO 9001). La norme ISO 21500 fournit aux organisations des lignes directrices pour les processus de management de projets qui permettent d'assurer la qualité du leur management. La norme ISO 21500 et le *Guide PMBOK®* ont, au regard de leur structure et de leur processus de management de projet, de nombreuses parties communes. En appliquant correctement le *Guide PMBOK®*, l'organisation applique déjà les normes ISO 21500.

Comment le *Guide PMBOK®* peut-il vous aider en pratique?

Comme le *Guide PMBOK®* est fondé sur de bonnes pratiques, il peut effectivement passer pour une «base de données mondiale de leçons apprises». Fondé sur une structure et des processus bien définis, il peut faire évoluer le mode de pensée *«ad hoc»*, d'une approche défensive, vers une approche plus offensive. Il permettra, dans des situations de projet compliquées, de se référer rapidement aux processus appropriés de management, et de les adapter correctement au projet en question. En tant que tel, il peut accélérer la courbe d'apprentissage individuelle des chefs de projet. Il améliore aussi directement la communication du projet, en favorisant une compréhension commune des «projets», une vision partagée de la façon de les réaliser et de les gérer. S'assurer que les parties prenantes «parlent le même langage» est le moyen le plus facile de passer les barrières de communication.

Comment le *Guide PMBOK®* s'harmonise-t-il avec d'autres référentiels, cadres et méthodes?

Le *Guide PMBOK®* fournit un cadre généralement accepté de bonnes pratiques mondiales pour le management de projet, qui constitue une ligne directrice parfaite pour créer et comprendre votre mode d'organisation de management de projet, qui doit cadrer avec les spécificités de vos projets et de votre environnement. C'est précisément l'endroit où les processus de management de projet ainsi que les processus de création de contenu doivent être intégrés. «Noyer» les participants dans différentes méthodologies dont les fondements et les définitions diffèrent, et inciter chacun à réaliser son propre «exercice d'intégration», causerait probablement de la confusion, des erreurs et une mauvaise communication, et serait, en somme, inefficace. Une comparaison bien organisée des processus, des termes et des définitions du *Guide PMBOK®* avec les processus, termes et définitions d'autres référentiels, cadres et méthodologies appliquées dans votre organisation, permettra d'identifier rapidement tout recouvrement possible, et permettra aussi une intégration efficace et appropriée. Le *Guide PMBOK®* est aussi cohérent avec d'autres référentiels produits par le PMI.

Comment le *Guide PMBOK®* s'applique-t-il aux différentes entités et niveaux de l'organisation?

Les organisations développent des processus pour livrer des résultats de manière prévisible, ce qui leur permet de répondre aux attentes. Cependant, comme la plupart des projets sont pluridisciplinaires, plusieurs entités doivent travailler sur des projets communs et sont confrontées à des situations inhabituelles, pour lesquelles aucune procédure n'est encore définie. Comme les projets provoquent des changements dans les organisations, les parties prenantes sont concernées, ce qui se répercute à différents niveaux organisationnels – opérationnels, tactiques, et même stratégiques. C'est pourquoi la compréhension et l'application d'un référentiel commun à toute l'organisation, tel que le *Guide PMBOK®* revêt une importance particulière dans de telles situations.

Est-il probable que le *Guide PMBOK®* remplace l'approche ou la méthode de management de projet (développée par l'organisation)?

Les méthodologies et approches de management de projets, développées par et pour leurs propres organisations, proviennent pour la plupart d'un besoin reconnu d'amélioration de l'application du management du projet, basé sur des expériences organisationnelles et sur de bonnes pratiques. Cependant, maintenir ces bonnes pratiques, tout comme s'assurer continuellement de l'alignement sur les derniers développements de la profession peut devenir très coûteux en temps et en budget. C'est la raison pour laquelle les organisations finissent par adopter le *Guide PMBOK®* comme référentiel du management de projet, en l'adaptant simplement quand c'est nécessaire, et en le documentant de manière transparente. Comme le *Guide PMBOK®* est également fondé sur de bonnes pratiques, l'essentiel de votre méthode de management de projet ne changera pas radicalement. En suivant la règle de Pareto, 80% environ du référentiel est probablement applicable à vos types de projets. Cela permet de se concentrer sur les 20% des processus de management de projet qui constituent la singularité de votre organisation, qui devient alors le cœur de votre propre méthode de management de projets.

La plupart des méthodologies génériques de management de projets disponibles publiquement se réfèrent au *Guide PMBOK®* comme cadre de base. Dans de tels cas, les connaissances contenues dans le *Guide PMBOK®* aident substantiellement à une meilleure compréhension et confèrent une meilleure place à cette méthode de management de projet, ce qui renforce son application correcte.

Que faire si j'ai besoin de plus d'informations?

S'agissant d'un livre de poche, il devrait être considéré comme un résumé introductif au *Guide PMBOK®* et à l'organisation «PMI». Nombre de détails et d'explications complémentaires sur certains sujets se trouvent dans le *Guide PMBOK®*. En outre, le site internet du PMI, **www.pmi.org**, vous donnera aussi accès à de plus amples informations.

Chapitre 2
L'organisation qui sous-tend le *Guide PMBOK®*, Le Project Management Institute (PMI)

2.1 PMI: faits et chiffres

Le PMI est une association professionnelle internationale à but non lucratif qui a pour objectif de faire progresser la pratique, la science et la profession de management de projets à travers le monde. Sa mission est de rendre le management de projets indispensable à la réussite des affaires.

Le PMI met à la disposition des professionnels et des organisations des normes qui définissent les bonnes pratiques et les références reconnues à l'échelle mondiale et qui certifient l'expertise en management de projets. C'est aussi une source documentaire pour le développement professionnel, le réseau et la communauté.

La création du PMI fut annoncée officiellement le 9 Octobre 1969, lors d'un séminaire sur le management de projets à Atlanta, Géorgie (États-Unis). Il a été reconnu qu'il y avait beaucoup de bonnes pratiques de gestion communes à différents types de projets, et il a été considéré comme bénéfique d'avoir une organisation qui soutienne le développement de ces pratiques. Dès lors, le PMI s'est développé jusqu'à devenir la plus grande organisation de management de projet dans le monde entier, grâce à l'engagement de bénévoles, tous passionnés par le développement et le soutien de la profession de management de projet. Une publication dans le Project Management Journal en 1983 fut un élément crucial dans ce développement. C'est le premier «référentiel de base des normes de management» – prédécesseur de l'actuel *Guide PMBOK®*. Les premières normes de référence en matière de gestion de projet furent publiées en même temps qu'un Code de déontologie pour les professionnels en management de projet et des directives pour l'accréditation et la certification. La croissance à long terme du nombre d'adhérents au PMI a été remarquablement stable, avec une moyenne de près de 15% par an: 1000 membres en 1975, 10 000 en 1994, 100 000 en 2003, avec un nombre qui tend vers 500 000 en 2013 et des détenteurs de la certification dans plus de 185 pays.

L'organisation PMI et ses initiatives sont principalement gérées par des bénévoles, en collaboration avec une équipe relativement réduite de professionnels, nécessaire à la gestion d'une association qui enregistre une telle croissance. «Pour ses membres et par ses membres» est un principe majeur du management PMI.

2.2   Les standards mondiaux du PMI disponibles

Parmi les actions continues et très reconnues du PMI, se trouve l'élaboration de standards mondiaux. Un standard fournit des lignes directrices, des règles et des caractéristiques pour le sujet qu'il traite. Les standards mondiaux sont essentiels pour la profession du management de projets. Ils font qu'un cadre de base du management de projet soit appliqué de manière uniforme dans le monde entier, ce qui renforce un «langage» et une méthode communs et simplifie la communication entre les parties prenantes. Ceci est particulièrement important lors de la gestion d'initiatives internationales et inter-organisationnelles, où les parties prenantes ont des historiques différents.

Les standards PMI actuellement disponibles sont divisés en trois catégories:
- les standards fondamentaux;
- les standards en termes de pratiques et de cadres;
- les extensions de standards.

Les standards fondamentaux

Ces standards constituent une base commune pour le management de projet et représentent les quatre domaines clés de la profession: le projet, le programme, le portefeuille et l'approche organisationnelle de management de projet:

- un Guide du corpus de connaissances de gestion de projets (*Guide PMBOK®*), y compris les traductions en 10 langues différentes;
- le Standard de Management de Programmes;
- le Standard de Management de Portefeuilles;
- le Modèle de Maturité Organisationnelle du Management de Projets (OPM3®).

Les standards en termes de pratiques et de cadres

Les standards en termes de pratiques sont des guides, des outils, des techniques ou des processus identifiés dans le *Guide PMBOK®* ou dans d'autres standards:

- standard de pratiques pour le management des risques des projets;
- standard de pratiques pour le management de la valeur acquise;
- standard de pratiques pour le management de la configuration des projets;
- standard de pratiques pour la structuration de la répartition du travail;
- standard de pratiques pour la planification des projets;
- standard de pratiques pour l'estimation des projets;
- le cadre de développement de compétences du chef de projet.

Extensions des standards du PMI

Les standards présentent des extensions pour certains types spécifiques de projets ou d'industries:

- Extension du *Guide PMBOK®* appliqué au domaine du bâtiment;
- Extension du *Guide PMBOK®* appliqué au domaine des administrations publiques.

Les standards PMI sont entretenus et mis à jour pour intégrer les derniers développements et perspectives de la profession, tandis que de nouveaux standards sont en cours d'élaboration. Un niveau élevé de cohérence a été atteint entre tous ces standards, en particulier en ce qui concerne la terminologie et les définitions, ce qui renforce l'utilisation d'un langage commun.

En général, des copies numériques personnalisées sont disponibles pour les membres du PMI, et gratuitement!

2.3   Les certifications disponibles

La certification est appréciée par les personnes et les organisations pour sa contribution au développement et à l'évaluation de la conformité aux standards professionnels de management de projet. Sensible à ce fait, le PMI administre un programme de certification professionnelle reconnu à l'échelle mondiale qui favorise le développement de la profession. Il soutient les professionnels dès le début de leur carrière et les accompagne au cours du déroulement de celle-ci dans le management de projets, de programmes et de portefeuilles. Il fournit aux organisations une bonne référence pour évaluer le niveau de connaissances et d'expérience des individus qui se présentent en tant que «chefs de projet», sachant que l'utilisation de ce label n'est pas circonscrite. Il apporte également son soutien aux directions des ressources humaines pour l'élaboration de perspectives de plans de carrière dans le domaine du management de projets. Le PMI propose les programmes de certification suivants, accrédités à l'échelle mondiale, pour les praticiens de projets, selon les différents niveaux et domaines d'expérience, d'enseignement et de compétences:

- praticien certifié en management de projet (CAPM)®,
- professionnel en management de projet (PMP)®,
- praticien certifié Agile par le PMI (PMI-ACP)®,

- professionnel en management de programme (PgMP)®,
- professionnel en management de portefeuille (PfMP)®,
- professionnel en management de risque du PMI (PMI-RMP)®,
- professionnel en gestion d'échéanciers du PMI (PMI-SP)®,
- certification professionnelle OPM3®.

Certifications PMI						
CAPM	**PMP**	**PgMP**	**PfMP**	**PMI-SP**	**PMI-RMP**	**PMI-ACP**
Nom de la certification Praticien certifié en management de projet	Professionnel en Management de projet	Professionnel en management de programme	Professionnel en management de portefeuille	Manager de programmes; Chef de projet sénior	Professionnel en management de risque du PMI	Praticien Certifié AGILE par le PMI
Rôle Contribue à l'équipe projet	Conduit et dirige les équipes projet	Réalise un objectif de l'organisation en définissant et en supervisant des projets, des ressources	Effectue un management centralisé d'un ou de plusieurs portefeuilles afin d'atteindre des objectifs stratégiques	Développe et maintient les plannings des projets et des programmes	Évalue et identifie les risques, traite les menaces et capitalise les opportunités	Conduit les équipes utilisant les pratiques Agiles pour projets et modifications de l' environnement
Titre possible de la fonction Junior ou Assistant au chef de projet; membre de l'équipe projet	Chef de projet; Chef de projet sénior	Manager de programmes; Chef de projet sénior	Manager de portefeuille de projets; Directeur de projet; Directeur des investissements	Planificateur de programmes ou de projets	Manager de risques de programmes ou de projets	Chef de projet, chef de produit ou manager du changement

Figure 2.1 Certifications PMI

Code d'éthique

Comme pour toute «profession», le PMI a publié son Code d'éthique et de déontologie qui s'applique à l'échelle mondiale. Lorsqu'ils traitent avec quelque partie prenante que ce soit, les praticiens doivent avoir des pratiques honnêtes, équitables et des relations respectueuses. Les chefs de projet certifiés ont explicitement accepté ce code d'éthique, car il conditionne la certification par le PMI.

2.4 Les représentations géographiques du PMI et les traductions

En plus de l'organisation mondiale, la plupart des membres du PMI adhèrent également à une section locale (appelée Chapitre), qui les relie à un réseau local d'expertise professionnelle. Les membres reçoivent un soutien et ont des occasions de rencontrer leurs pairs de diverses industries dans des réunions, des activités et des programmes éducatifs. Il y a actuellement plus de 250 sections prises en charge par le PMI, actives dans plus de 70 pays à travers le monde.

Autres représentations locales

Pour une communication efficace et simplifiée avec ses membres et d'autres parties prenantes, le PMI a mis en place un Service Clients, des Centres de Services Régionaux, des Bureaux de Représentation et des Bureaux de Relations dans le monde entier, en Amérique, en Asie-Pacifique, en Chine, dans la région Europe-Moyen Orient-Afrique (EMEA) et en Inde.

Traductions

Le standard le plus important du PMI, le *Guide PMBOK®*, est officiellement disponible en 10 langues en plus de l'anglais:

- allemand,
- arabe,
- chinois (simplifié),
- coréen,
- espagnol,
- français,
- italien,
- japonais,
- portugais brésilien,
- russe.

Bien que toutes les certifications des examens soient rédigées en anglais, des aides linguistiques sont disponibles pour les certifications PMP et CAPM dans ces langues, ainsi qu'en hébreu et en chinois traditionnel. En plus de cela, certains chapitres locaux ont pris l'initiative de créer leurs traductions du *Guide PMBOK®*. Ces traductions non officielles ne sont cependant pas reconnues pour l'examen, sauf dispositions particulières prises par le chapitre local.

2.5   Les autres initiatives PMI

Programmes de recherche et publications

Le PMI a une branche recherche, responsable de l'avancement de la profession en management de projet qui initie, finance, guide et coordonne la recherche universitaire dans le monde. Le PMI a déjà investi plus de 18 millions de dollars dans la recherche sur le management de projet. Le PMI organise également la Conférence sur la Recherche et l'Éducation PMI réunissant des universitaires et des praticiens chevronnés engagés dans le développement des connaissances empiriques dans ce domaine.

Les publications du PMI consacrées au développement de la discipline de management de projet sont:

- Le *Project Management Journal®*, (journal du management de projets, une revue trimestrielle académique de la recherche avec un comité de lecture constitué par des membres du PMI.
- Le *PM Network®*, un magazine mensuel primé qui suit les tendances, les outils, les techniques et les bonnes pratiques.
- Le *PMI Today®*, un bulletin d'information mensuel livré avec le *PM Network®* qui tient informés les membres des toutes dernières nouvelles et des derniers événements du PMI.
- Plusieurs bulletins électroniques d'information en ligne, destinés à des publics spécifiques, pour aider les lecteurs à se tenir au courant les nouvelles dont ils ont besoin.

Conseil exécutif mondial PMI

Cette entité relie les grandes organisations multinationales et gouvernementales qui utilisent le management de projet, de programmes et de portefeuilles pour obtenir un avantage concurrentiel. Grâce aux réseaux constitués par des décideurs de premier plan de l'industrie, les membres du Conseil peuvent identifier les opportunités d'amélioration des processus, échanger sur les meilleures pratiques et accroître le pourcentage d'investissements liés aux projets réussis au sein de leurs propres organisations.

Communautés de pratique

Les communautés de pratique sont des cadres interactifs où les membres et les industries ayant des intérêts communs peuvent échanger des idées et communiquer sur les défis et les préoccupations au-delà des frontières. Grâce à la mise en réseau, à l'élaboration de documents techniques, aux téléconférences et au travail en équipe sur des projets spéciaux, les membres développent leurs connaissances. Il existe des exemples de communautés de pratique dans l'Aérospatiale, la Défense, les Systèmes d'Information de Santé, la Gestion de la Qualité et des Risques du Projet.

Réseau de fournisseurs de formation référencés (R.E.P.)

PMI soutient également la mise en place d'un réseau de fournisseurs de formations référencés (REP). Il s'agit d'organismes de formation et de centres de développement dans les universités et dans les entreprises, qui fournissent des services de formation en management de projet de haute qualité. Leurs offres de formation ont été évaluées par le PMI. Lors de cette évaluation, l'organisation référencée a démontré sa capacité à offrir une formation efficace en management de projets.

Le programme de consultants référencés PMI

Le Programme de Consultants référencés PMI aide les organisations à trouver des cabinets de conseil capables de les aider à la mise en œuvre du management de projet, de programme ou de portefeuille adaptée à leurs besoins organisationnels particuliers ainsi qu'aux bonnes pratiques PMI.

Programme d'accréditation académique

Le Centre mondial PMI d'accréditation pour le management de projet (Global Accreditation Center – GAC) est le principal organisme mondial d'accréditation pour les programmes d'études en management de projet. La mission du GAC est de promouvoir l'excellence dans l'enseignement de cette discipline dans le monde entier, et de veiller à ce que les programmes accrédités GAC répondent aux besoins actuels et futurs en expertise des professionnels. Actuellement, plus de 50 programmes d'études dans plus de 20 institutions universitaires à travers le monde sont accrédités par le PMI GAC, avec plusieurs autres programmes à différents stades du processus d'accréditation.

Fondation PMI pour l'éducation

La fondation pour l'éducation PMI (PMI Educational Foundation – PMIEF) est un organisme public à but non lucratif, de bienfaisance, qui constitue la branche philanthropique du PMI. Bien que le PMI vise à rendre le management de projet indispensable pour l'obtention de bons résultats commerciaux, PMIEF cherche à l'appliquer au reste de la société, car cette institution le perçoit comme une compétence essentielle pour tous. Les programmes PMIEF se concentrent sur trois objectifs principaux:

- constituer une main-d'œuvre mieux préparée grâce à des bourses universitaires, des lauréats, des stages, des subventions pour la recherche des doctorants, et des bourses de perfectionnement professionnel;
- préparer les jeunes à réussir dans la vie grâce à des sources documentaires éducatives, des programmes et des ateliers en gestion de projet;

- utiliser les subventions PMIEF, les bourses et les ateliers pour aider les personnes dans le besoin lors de catastrophes naturelles, et aider les organisations non gouvernementales à but non lucratif, à mieux utiliser leurs ressources limitées.

Voir www.PMIEF.com pour plus d'informations.

Pour plus d'informations sur le PMI, visitez le site Web: www.PMI.org.

Chapitre 3
Le *Guide PMBOK*® en abrégé

Dans ce chapitre nous allons d'abord nous concentrer sur le contexte et le contenu général du *Guide PMBOK*®. Ceci vous permettra de comprendre la structure de cet ouvrage. Ensuite, nous aborderons certains de ses concepts, considérés comme les connaissances essentielles à appliquer dans l'environnement des projets.

3.1 L'histoire du *Guide PMBOK*®

En 1981, le Comité de Direction du PMI approuva un projet dont l'un des principaux objectifs était l'élaboration d'un standard de management de projet, décrivant le contenu et la structure d'un corpus de connaissances en la matière. Ce projet aboutit en 1983 à la publication d'un référentiel de management de projet. Cette première publication a servi de base à de nouvelles discussions menant à une meilleure définition du «management de projet» en tant que profession. En 1987, un projet complémentaire se conclut par la publication du *Corpus de Connaissances en Management de Projet*. Des développements successifs et une évaluation continue, sur la base de cas pratiques, ont conduit en 1996 à une mise à jour appelée *Un Guide pour le Corpus de Connaissances en Management de Projet* (*Guide PMBOK*®). En 2000, en 2004, puis en 2008, les 2nde, 3ème et 4ème éditions furent respectivement publiées, incorporant de nouvelles connaissances et clarifiant les savoirs et les pratiques existantes. Finalement, la dernière mise à jour, la 5ème édition, date de 2013. Ainsi, l'édition actuellement en vigueur contient plus de 30 années d'expériences pratiques en management de projet, menées par des centaines de praticiens sur le terrain et par des chercheurs universitaires.

3.2   Structure du *Guide PMBOK®*

Le *Guide PMBOK®* est structuré en trois sections. Une fois cette structure assimilée, il fournit un excellent cadre pour aider les professionnels du management de projet.

- La Section 1, (Chapitres 1 et 2) appelée «Le cadre du management de projet», traite l'objectif du *Guide PMBOK®*, et donne également une brève introduction aux concepts clés du management de projet en couvrant des sujets tels que:
  - la définition d'un projet,
  - qu'est-ce que le management de projet?,
  - les liens unissant le management de projet, de programme, de portefeuille et le management organisationnel du projet,
  - les liens entre le management de projet, le management opérationnel et la stratégie organisationnelle,
  - la valeur commerciale des projets,
  - le rôle du chef de projet, ses responsabilités et ses compétences,
  - comment l'environnement du projet peut mettre en valeur ou limiter les alternatives du management de projet?,
  - le cycle de vie d'un projet,
  - les parties prenantes et la gouvernance d'un projet,
  - les groupes de processus et les domaines de connaissance.

- La Section 2, (Chapitre 3) appelée «Les processus du management de projet», définit et décrit les **cinq groupes de processus du management de projet suivants**:
  - le démarrage,
  - la planification,
  - l'exécution,
  - la surveillance et la maîtrise,
  - la clôture.

Il y a également **10 domaines de connaissance en management de projet**; il s'agit de domaines précis de connaissances spécifiques nécessaires pour un chef de projet. Au sein de cette matrice, **47 processus en management de projet** sont reconnus comme étant de bonnes pratiques, et donc applicables à la plupart des projets.

Ces éléments sont expliqués ci-après en section 3.10 du présent ouvrage.

- La Section 3 (Chapitres 4 à 13) approfondit ces domaines de connaissance définis, où les processus de management de projet applicables sont explicités plus en détail, en utilisant une structure qui décrit:
  - les **données d'entrée**,
  - les **outils et techniques** qui peuvent être utilisés pour conduire les processus,
  - les **données de sortie.**

Les données d'entrée et de sortie sont des documents ou des enregistrements. Une donnée de sortie d'un processus est souvent une donnée d'entrée d'un autre processus.

3.3 Projet – Programme – Portefeuille

Dans la pratique, ces différents termes sont très souvent utilisés de façon interchangeable, causant beaucoup de malentendus et d'incompréhension, y compris en ce qui concerne la définition des rôles et des responsabilités. Le *Guide PMBOK®* apporte des éléments de définition et de comparaison entre les différents types de management – de projet, de programme et de portefeuille.

Définitions du PMI:
Projet: Effort temporaire exercé dans le but de créer un produit, un service ou un résultat unique.

Programme: Groupe de projets, sous-programmes et activités de programme apparentés, dont le management est coordonné afin d'obtenir des avantages qui ne seraient pas possibles en les traitant isolément.

Portefeuille: Projets, programmes, sous-portefeuilles et opérations, gérés en tant que groupe, dans le but d'atteindre des objectifs stratégiques.

Management Organisationnel Projet			
	PROJETS	**PROGRAMMES**	**PORTEFEUILLES**
Cadre	Les projets comportent des objectifs définis. Le contenu est progressivement élaboré tout au long du cycle de vie du projet.	Le contenu des programmes est plus étendu et procure des avantages plus significatifs.	Les portefeuilles ont un cadre organisationnel qui évolue avec les objectifs stratégiques de l'organisation.
Changement	Les chefs de projet s'attendent à des modifications et mettent en œuvre des processus permettant de les gérer et de les maîtriser.	Les directeurs de programme doivent s'attendre à des modifications venant de l'intérieur et de l'extérieur des programmes, et doivent être prêts à les gérer.	Les directeurs de portefeuille surveillent en permanence les modifications dans un environnement global interne et externe.
Planification	Les chefs de projet transforment les informations de haut niveau en plans détaillés progressivement tout au long du cycle de vie du projet.	Les directeurs de programme élaborent le plan d'ensemble des programmes et créent des plans de haut niveau pour guider une planification détaillée au niveau des composants.	Les directeurs de portefeuille créent et maintiennent les processus nécessaires et la communication relative à l'ensemble des portefeuilles.

Management Organisationnel Projet			
	PROJETS	**PROGRAMMES**	**PORTEFEUILLES**
Gestion	Les chefs de projet gèrent l'équipe projet afin d'atteindre les objectifs du projet.	Les directeurs de programme gèrent le personnel du programme et les chefs de projet; ils apportent vision et leadership global.	Les directeurs de portefeuille peuvent gérer ou coordonner le personnel de management de portefeuille ou le personnel de programme et de projet, qui peut avoir des responsabilités hiérarchiques pour l'ensemble des portefeuilles.
Succès	Le succès est mesuré par la qualité du produit et du projet, le respect des délais et du budget, et le niveau de satisfaction client.	Le succès est mesuré par le niveau de satisfaction aux exigences du programme et le degré d'obtention des avantages pour lequel il a été entrepris.	Le succès est mesuré en termes de performance consolidée des investissements et de réalisation de bénéfices du portefeuille.
Suivi	Les chefs de projets surveillent et maîtrisent le travail de production des produits, services ou résultats pour lesquels le projet a été entrepris.	Les directeurs de programme surveillent les progrès des composants du programme pour s'assurer que les objectifs d'ensemble et les avantages seront réalisés, et que les échéanciers et les budgets seront respectés.	Les directeurs de portefeuille surveillent les changements stratégiques ainsi que l'affectation consolidée des ressources, les résultats de performance et les facteurs de risque affectant le portefeuille.

Figure 3.1 Comparaison entre la gestion de projet, de programme et de portefeuille

Le PMI édite le *Guide PMBOK®* du management de projet, en se concentrant sur «les bonnes pratiques de conduite de projet». Le PMI édite également d'autres standards pour le management de programme et de portefeuille, en se concentrant sur l'objectif, qui est de «faire les bons projets».

3.4   Le cycle de vie du projet

> *Définition du PMI:*
> Le cycle de vie d'un projet est la série de phases par lesquelles passe celui-ci, depuis son démarrage jusqu'à sa clôture.

Le cycle de vie d'un projet est constitué des phases du projet, généralement séquentielles. Ce qui le caractérise, les noms et le numéro des phases, est entièrement défini par les organisations impliquées dans le projet. Ni trop détaillé, ni trop général, et bien adapté au domaine d'application du projet. Comme c'est la première référence pour organiser la communication sur le projet, le cycle de vie d'un projet doit être compréhensible par toutes les parties prenantes. C'est un bon moyen pour communiquer avec la direction générale sur le projet, sur son approche globale et sur ses avancées. C'est également un bon moyen pour faire connaître ses aspects plus détaillés, afin de placer ces détails de façon adéquate dans l'ensemble.

Le cycle de vie d'un projet peut ensuite être expliqué en détail et étayé dans son application pratique par l'usage d'une méthodologie. Dans certains domaines d'application, comme les technologies de l'information (TI) ou le bâtiment, le cycle de vie du projet comporte des phases avec des noms identiques, documentés et appliqués dans leurs secteurs respectifs, comme par exemple: «définition – conception – développement – construction – test – mise en œuvre». Les cycles de vie des projets peuvent être relativement courts, lorsque leurs contenus sont moins complexes ou lorsque les méthodes Agile ou Scrum sont utilisées.

Une intégration insuffisante des processus de management de projet et des processus orientés vers la création d'un «produit» dans le cycle de vie, peut conduire à l'échec du projet. Bien des cycles de vie, dont le domaine d'application est très centré sur le produit ou sur le contenu, négligent les aspects organisationnels et leur mise en œuvre au moment du démarrage du projet, ainsi que la bonne définition du transfert des responsabilités et la préparation de la transition. Pour ces raisons, ils n'arrivent également pas souvent à assurer une maintenance et un soutien adaptés après le projet, bien que cela soit nécessaire à la clôture du projet dans les règles.

Le cycle de vie d'un projet fait normalement partie d'un ou de plusieurs cycles de vie d'un produit ou, lorsqu'il ne s'agit pas d'un produit, du cycle de vie d'un service ou de tout autre résultat.

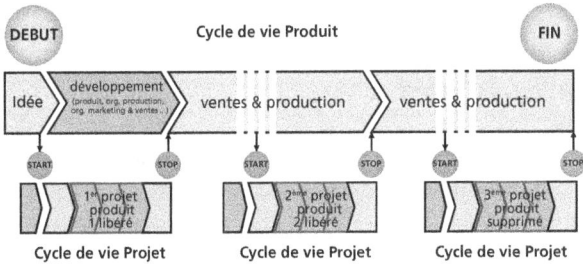

Figure 3.2 Cycle de vie d'un projet faisant partie du cycle de vie d'un produit

De façon générale les cycles de vie des projets ont les structures suivantes:

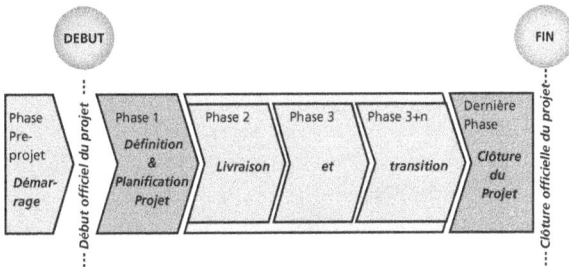

Figure 3.3 Exemple du cycle de vie d'un projet (PLC)

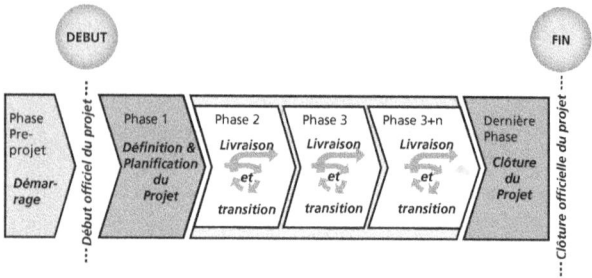

Figure 3.4 Exemple de cycle de vie d'un projet ayant une approche cyclique

3.5   Les phases du projet

Un projet se décompose en phases requérant un contrôle supplémentaire afin de gérer efficacement l'achèvement d'un livrable. Les phases du projet sont souvent séquentielles, mais elles peuvent se superposer dans le cas de certains projets. Les phases sont les parties du cycle de vie du projet.

Un projet simple peut n'avoir qu'une seule phase, mais dans un tel cas on peut, bien-sûr, reconsidérer le besoin d'élaborer un projet. S'agit-il d'un «effort temporaire» qui justifie la mise en place formelle d'une structure organisationnelle temporaire dédiée? Ou est-ce juste «une tâche plus complexe que la moyenne» qui nécessite une gestion et une communication plus attentive auprès des parties prenantes impliquées?

De grands projets peuvent avoir plusieurs phases. Encore une fois, il est de la responsabilité du chef de projet et de l'équipe du management de projet de structurer les projets en parties gérables.

3.6 Les groupes de processus du management d'un projet

Les processus de management de projets sont réunis dans cinq groupes de processus:

- le démarrage, qui définit un nouveau projet ou (sous) phase et permet d'obtenir l'autorisation pour démarrer,
- la planification, qui établit le plan d'un projet ou un plan détaillé par (sous) phase,
- l'exécution, qui exécute le plan et complète les réalisations, et par là même crée les livrables planifiés du projet ou (sous) phase,
- la surveillance et la maîtrise, qui suivent et revoient les réalisations du projet, la gestion du contrôle de la performance du projet, ainsi que l'identification et la gestion correctes des modifications,
- la clôture, qui ferme formellement une phase ou le projet.

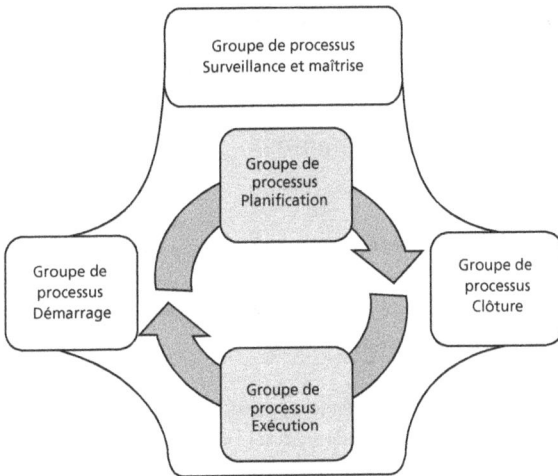

Figure 3.5 Groupe de processus de Management de projet

Ces groupes de processus sont nécessaires pour chaque projet et sont appliqués dans une séquence logique. **Les groupes de processus ne sont pas identiques aux phases du projet**, car ils sont souvent itératifs. Normalement les groupes de processus sont exécutés d'abord à un niveau agrégé, sur l'ensemble du projet, puis répétés à chaque phase de projet, sous-phase, voire même pour chaque lot de tâches.

Les groupes de processus constituent des guides dans l'application adéquate du management du projet, car ils permettent d'identifier rapidement le point focal d'un projet, au moment opportun du cycle de vie du projet, et de déclencher par la suite les processus appropriés de management de projet.

De même, les groupes de processus sont répétés pour chaque phase à des niveaux plus détaillés.

Important: les phases du projet ne sont pas identiques aux groupes de processus de management de projet!

3.7   Les parties prenantes

Définition du PMI:
Partie prenante: un individu, un groupe ou un organisme qui peut affecter, être affecté, ou se percevoir comme étant susceptible d'être affecté par une décision, une activité, ou par le résultat d'un projet, d'un programme ou d'un portefeuille.

L'identification et la compréhension des parties prenantes du projet sont cruciaux pour permettre au chef de projet et à l'équipe de projet d'effectuer les actions adéquates et d'assurer une communication appropriée pour répondre aux attentes. Les parties prenantes définissent les besoins du projet, en essayant de l'influencer selon leur position et leurs intérêts propres.

Les parties prenantes peuvent être:
• soit internes au projet,
• soit externes au projet, mais internes à l'organisation qui réalise le projet,
• ou bien externes au projet et à l'organisation le réalisant.

La place exacte des parties prenantes (internes ou externes à l'organisation impliquée) peut varier d'un projet à un autre.

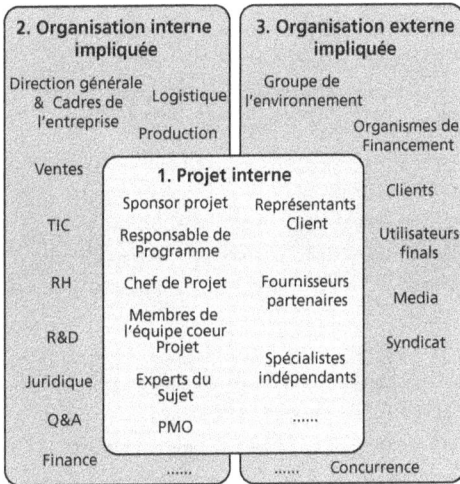

Figure 3.6 Aperçu des Parties Prenantes

Le chef de projet, les membres de l'équipe de projet et le commanditaire du projet sont les principales parties prenantes; les échanges entre eux forment la base d'une communication efficace avec les autres parties prenantes.

3.8   La structure organisationnelle

La structure de l'organisation commanditaire constitue un élément donnant les caractéristiques d'ensemble du projet, parce qu'elle influence le comportement des différentes parties prenantes, selon leurs intérêts et leur position dans l'organisation. Elle influence aussi la manière dont les ressources seront obtenues et allouées, ainsi que les modalités d'organisation du projet. Nous distinguons ci-dessous les différentes structures et leurs principales caractéristiques.

L'organisation fonctionnelle

C'est l'organisation «classique», dans laquelle les salariés sont groupés par spécialité (production, marketing, ventes, etc…). L'avantage de cette forme d'organisation est qu'elle permet de bénéficier des connaissances approfondies et des compétences développées dans chaque domaine, de sorte que le travail est «mieux fait, plus rapidement et au meilleur coût». Les responsables fonctionnels détiennent le pouvoir formel, et les équipes doivent leur rendre compte. Ils assurent la coordination des projets. Chaque département réalise sa part du projet de façon indépendante; l'orientation est clairement fonctionnelle, ce qui n'est pas le meilleur moyen d'étayer un travail collectif avec un objectif «commun».

L'organisation par projet

En règle générale, la majorité des ressources est impliquée dans le projet et s'y consacre à plein temps. Les membres sont groupés par projet et rendent compte à un chef de projet. Les chefs de projet ont tous la même autorité, comparable à celle des responsables fonctionnels dans une organisation fonctionnelle. Le développement de connaissances et de compétences peuvent toutefois souffrir de cette approche hautement centrée sur le projet.

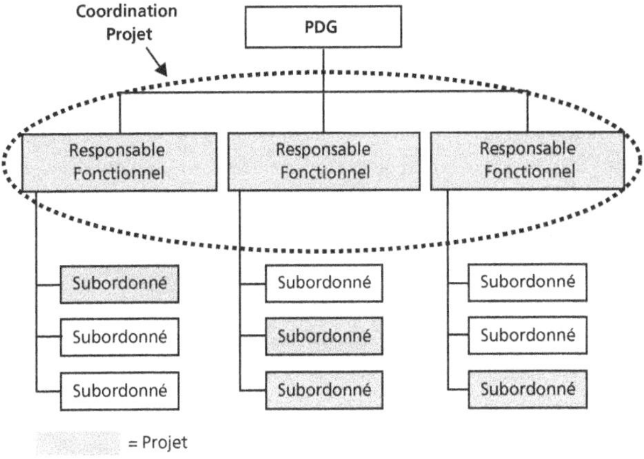

Figure 3.7 Organisation fonctionnelle

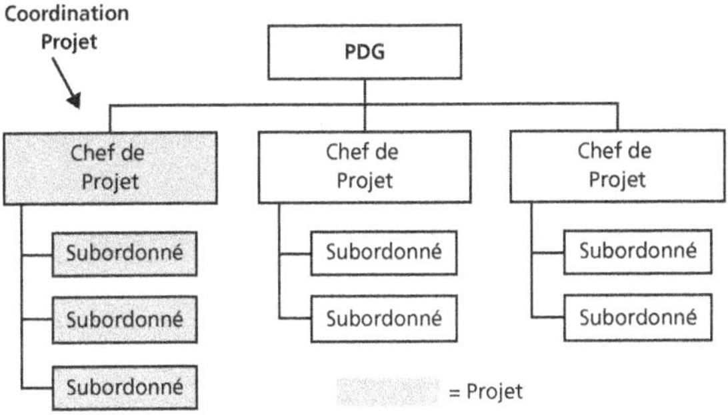

Figure 3.8 Organisation par projet

Les organisations matricielles

Ce type d'organisation est une combinaison de la structure fonctionnelle et par projet. Il existe trois variantes d'organisation matricielle: équilibrée, faible et forte.

Une **organisation matricielle équilibrée** doit avoir un chef de projet, généralement à plein temps. D'autres ressources de projet restent pourtant totalement sous la responsabilité des départements fonctionnels. Il faut une communication et une capacité de prise de décision clairement établies entre les responsables fonctionnels et les chefs de projet en termes de rôles, de responsabilités et d'autorité, faute de quoi de graves problèmes peuvent surgir. «Les chefs de projet» forment un département fonctionnel et ils ont du mal à acquérir les ressources nécessaires. La priorité des membres des équipes est d'effectuer les tâches fonctionnelles auxquelles ils sont affectés, et sur lesquelles leur prestation est évaluée. Obtenir les ressources nécessaires d'autres départements est un défi d'autant plus important que le projet n'est pas perçu comme étant «leur projet propre». Ainsi, la réalisation des projets se heurte à la difficulté d'obtenir des ressources lorsque le management de programme et de portefeuille sont défaillants.

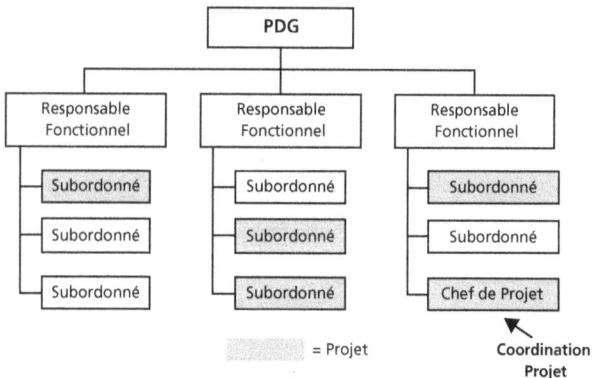

Figure 3.9 Organisation matricielle équilibrée

Dans une **organisation matricielle faible** les spécificités de l'organisation fonctionnelle sont toujours prédominantes. Le chef de projet a essentiellement un rôle de coordination et non de direction de projet; son rôle est souvent considéré comme secondaire, et effectué à mi-temps.

Dans une **organisation matricielle forte** les spécificités de l'organisation par projet prédominent. La fonction de chef de projet est considérée comme une fonction à plein temps et les chefs de projet sont regroupés dans une unité fonctionnelle de «management de projet». Néanmoins, d'autres ressources de projet restent dans d'autres départements fonctionnels.

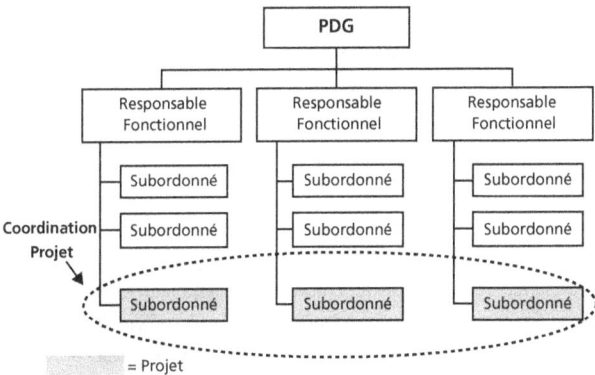

Figure 3.10 Organisation matricielle faible

La structure mixte

Dans la pratique, beaucoup d'organisations, bien qu'ayant une structure fonctionnelle, créent des structures additionnelles pour des projets spécifiques. En ce qui concerne les projets essentiels pour l'entreprise, entraînant des changements organisationnels profonds, une structure par projet est mise en place. Cela peut impliquer par exemple l'existence d'un chef de projet qui rend compte directement au PDG, et des ressources

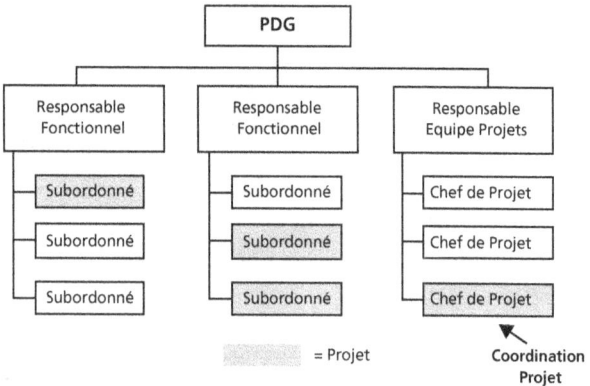

Figure 3.11 Organisation matricielle forte

spécifiquement dédiées au projet, rendant compte au chef de projet, un soutien administratif et des procédures opérationnelles spécifiques au projet, qui souvent outrepassent et s'affranchissent des procédures de l'entreprise.

Il est important de souligner également que ces organisations par projet peuvent mettre en place des structures fonctionnelles pour les parties d'un projet qui ont un caractère très récurrent et un poids suffisant. L'efficience et le partage de connaissances de ces parties s'en trouvent améliorés.

3.9   Les domaines de connaissance en gestion de projet

Le PMI identifie dix domaines de connaissance, numérotées de 4 à 13, en fonction des chapitres du *Guide PMBOK®*. Les domaines sont définis par les connaissances spécifiques avec lesquelles le chef de projet doit être familier pour effectuer un travail professionnel. Ces domaines de management de projet sont décrits en termes de processus, de pratiques, de données d'entrée et de sortie, d'outils et de techniques. Ces domaines de connaissance sont décrits plus en détail dans les chapitres 4 à 13 comme suit:

- Chapitre 4 – Le management de l'intégration du projet,
- Chapitre 5 – Le management du contenu du projet,
- Chapitre 6 – Le management des délais du projet,
- Chapitre 7 – Le management des coûts du projet,
- Chapitre 8 – Le management de la qualité du projet,
- Chapitre 9 – Le management des ressources humaines du projet,
- Chapitre 10 – Le management des communications du projet,
- Chapitre 11 – Le management des risques du projet,
- Chapitre 12 – Le management des approvisionnements du projet,
- Chapitre 13 – Le management des parties prenantes du projet.

3.10 Les processus de gestion de projet

Le PMI identifie 47 processus de management de projet, généralement applicables à tout projet. Ces processus sont structurés en cinq groupes de processus de management de projet (voir section 3.6), et répartis respectivement sur dix domaines de connaissance (voir section 3.9). Ceci est illustré sur la page de couverture additionnelle qui peut être utilisée comme une référence constante à la lecture de ce guide de poche.

Chapitre 4
Management de l'intégration du Projet

Le management de l'intégration du projet concerne la planification du travail et l'élaboration du plan. Cela couvre le début et la fin du projet, ainsi que tout ce qui se passe entre temps. Il s'agit de trouver l'équilibre entre des objectifs contradictoires, de trouver des alternatives, et de gérer les interdépendances entre différents domaines de connaissance en management de projet.

Le management de l'intégration du projet coordonne et intègre les processus des autres domaines de connaissance.

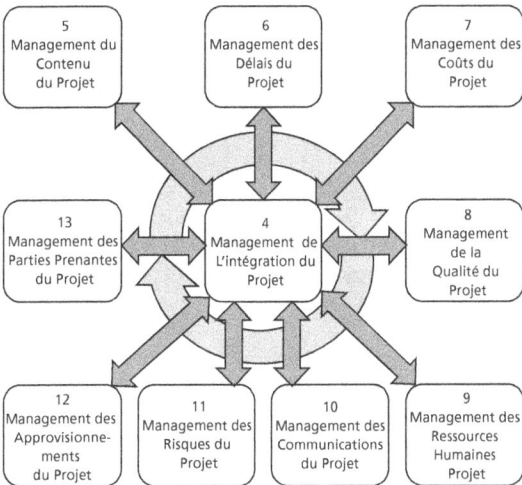

Figure 4.1 Schéma du processus du management de l'intégration du projet

Les processus du management de l'intégration du projet consistent à:

1. élaborer la charte du projet: le processus qui explicite les exigences globales du projet ainsi que ses limites – la charte autorisera alors le chef de projet à démarrer le projet ou la phase;

2. élaborer le plan de management du projet: consolider le plan général en capturant les plans résultant des neufs autres domaines de connaissance, c'est-à-dire, «planifier le travail»;

3. diriger et gérer le travail du projet: «exécuter le plan»;

4. surveiller et maîtriser le travail du projet: il s'agit de gérer l'avancement du projet;

5. mettre en œuvre la maîtrise intégrée des modifications: gérer les modifications par rapport aux plans et par rapport aux livrables;

6. clore le projet ou la phase: terminer toutes les activités pour clore le projet ou la phase.

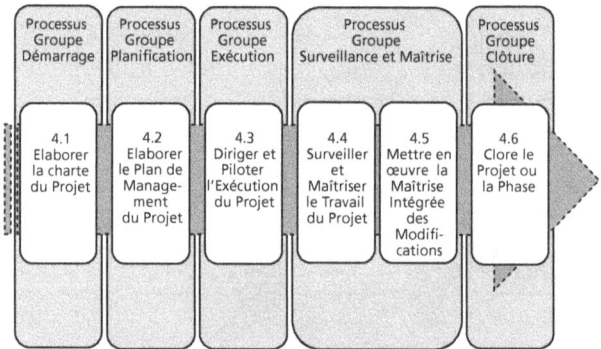

Figure 4.2 Vue d'ensemble des processus du management de l'intégration du projet

Tous les chefs de projet doivent porter une attention particulière aux demandes de modifications du projet. Tous les processus de surveillance et de maîtrise, et de nombreux processus de l'exécution du projet décrits dans le «*Guide PMBOK®*», peuvent donner lieu à des demandes de modifications.

Dans le processus de management de l'intégration du projet, les demandes de modifications suivront le parcours décrit dans la figure 4.3.

Parcours demande de modification

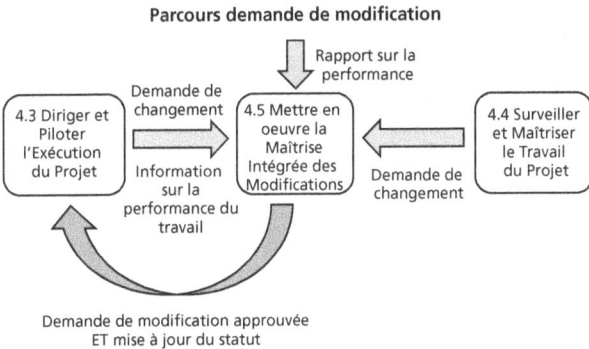

Figure 4.3 Parcours des demandes de modifications

Les deux processus «diriger et gérer le travail du projet» et «surveiller et maîtriser le travail du projet» peuvent aboutir à des demandes de modifications. Ces demandes sont évaluées et approuvées ou rejetées au travers du processus «mettre en œuvre la maîtrise intégrée des modifications». Toutes les demandes de modifications approuvées seront réinjectées dans le processus «diriger et gérer le travail du projet» pour leur mise en œuvre. Ce processus fournira des informations sur la performance du travail, elles-mêmes utilisées dans le processus «mettre en œuvre la maîtrise intégrée des modifications» pour mettre à jour l'état des demandes de modifications dans le registre des modifications.

4.1   Élaborer la charte du projet

«Élaborer la charte du projet» est le processus qui crée le document de lancement formel du projet. Il décrit le projet envisagé dans les termes suivants:

- raison d'être,
- objectifs et critères de réussite,
- exigences,
- risques,
- calendrier et jalons,
- budget,
- gouvernance, incluant les commanditaires (niveaux d'autorité),
- parties prenantes,
- chef de projet.

La charte du projet doit fournir des réponses de haut-niveau aux questions suivantes: «pourquoi, quoi, comment, qui, quand, où».

Il est fortement recommandé de désigner le chef de projet le plus tôt possible, de façon à ce qu'il puisse contribuer à l'élaboration de la charte du projet.

L'approbation de la charte du projet par le commanditaire autorise le chef de projet à allouer des ressources aux activités du projet. Le commanditaire peut être un bureau de projets, un chef de programme, un chef de portefeuille ou un comité directeur.

Les projets ont pour origine un besoin opérationnel interne ou externe, et prennent la forme d'une étude économique qui non seulement fournit une justification en termes de retour sur investissement mais qui clarifie les raisons pour lesquelles le résultat du projet est nécessaire (raison commerciale, technique, sociale, légale ou écologique). L'étude économique doit aussi lier le projet envisagé aux objectifs stratégiques de l'organisation.

L'étude économique est donc une donnée d'entrée essentielle de la charte du projet conjointement avec les accords écrits qui reflètent les intentions initiales du projet. Ces accords peuvent être un protocole d'accord ou un accord de niveau de service.

Dans le cas où un projet est entrepris pour le compte d'un client, l'accord sera un contrat formel, qui devra être en ligne avec la charte du projet.

Bien sûr, il convient d'appliquer l'expérience et les bonnes pratiques qui sont déjà appliquées par l'organisation. Les fichiers de projets antérieurs comparables, les leçons apprises, les informations historiques et les modèles sont également considérés comme des actifs organisationnels qui seront utilisés comme une donnée d'entrée importante par de nombreux processus des différents domaines de connaissance.

En outre, les facteurs environnementaux de l'entreprise sont pris en compte comme une donnée d'entrée importante au démarrage de la définition du projet et même tout au long du processus de définition. Ces facteurs encadrent ou influencent le succès du projet; ils peuvent être externes aussi bien qu'internes à l'organisation. Ces facteurs proviennent d'une ou plusieurs entreprises impliquées dans le projet, comme par exemple: la culture et la structure organisationnelles, l'infrastructure, les ressources existantes, les bases de données commerciales, une conjoncture de marché et des logiciels de gestion de projet.

4.2   Élaborer le plan de management du projet

Le plan de management du projet est «le plan des plans». Il intègre toutes les références de base et les plans de management issus des neufs autres domaines de connaissance, à savoir:

- la référence de base du contenu (voir Chapitre 5),
- la référence de base de l'échéancier (voir Chapitre 6),
- la référence de base des coûts (voir Chapitre 7),
- le plan de management du contenu (voir Chapitre 5),
- le plan du management des exigences (voir Chapitre 5),
- le plan de management de l'échéancier (voir Chapitre 6),
- le plan de management des coûts (voir Chapitre 7),
- le plan de management de la qualité (voir Chapitre 8),
- le plan d'amélioration des processus (voir Chapitre 8),
- le plan de management des ressources humaines (voir Chapitre 9),
- le plan de management de la communication (voir Chapitre 10),
- le plan de management des risques (voir Chapitre 11),
- le plan de management des approvisionnements (voir Chapitre 12),
- le plan de management des parties prenantes (voir Chapitre 13).

Les trois premières références de base susmentionnées peuvent aussi être combinées en une référence de base de mesure de la performance utilisée pour le management par la valeur acquise (voir Chapitre 7).

Habituellement, le plan de management du projet décrit également le cycle de vie du projet et inclut un plan de management des modifications explicitant comment les demandes de modifications seront contrôlées. Il est accompagné d'un plan de management de la configuration qui décrit comment les articles de la configuration seront gérés. Il abordera également la façon dont les problèmes en cours seront traités parallèlement à la gouvernance globale du projet.

Il est important de s'assurer que le plan de management du projet répond à son objectif. Il doit être établi afin d'expliciter comment le travail du projet va être organisé et de répondre aux questions suivantes:

- quel cycle de vie doit utiliser le projet?
- quels seront exactement les processus à appliquer pour chaque phase?
- quels outils et techniques seront utilisés pour atteindre les exigences?

Le plan de management de projet n'est pas un produit réalisé en une seule fois, puisqu'il nécessitera des mises à jour tout au long du cycle de vie du projet, en fonction du déroulement effectif du travail.

4.3   Diriger et gérer le travail du projet

Lorsque la charte du projet et le plan de management du projet abordent la partie 'planifier le travail du projet', 'diriger et gérer le travail du projet' concerne 'l'exécution du plan'. Cela comprend principalement la réalisation des exigences du projet, la production des livrables et le management des membres de l'équipe de projet et des parties prenantes. Cela concerne également l'allocation des ressources, l'établissement des canaux de communication et l'élaboration des prévisions par la génération de données d'avancement du projet (temps, coût et qualité). Cela couvre de plus le management des modifications, des risques et des fournisseurs.

C'est dans ce processus que l'essence même du projet prend sa forme. Il aboutit aux livrables: «tout type de produit, résultat ou capacité de réaliser un service, de caractère unique et vérifiable, dont la production est nécessaire pour achever un processus, une phase ou un projet».

Outre les livrables, ce processus fournit des informations sur la performance du travail comme l'état des livrables, l'avancement des travaux comparé à l'échéancier et les coûts engagés.

Lorsqu'on rencontre des difficultés lors de l'exécution du travail, des demandes de modifications sont formulées et peuvent avoir un impact sur le contenu, le coût, l'échéancier et/ou la qualité du projet. Ces demandes de modifications peuvent inclure des actions correctives ou préventives, des recommandations de correction des défauts ou des mises à jour des documents ou des plans qui sont sous contrôle formel.

4.4   Surveiller et maîtriser le travail du projet

Le processus «surveiller et maîtriser le travail du projet» couvre la gestion de l'avancement du projet pour s'assurer que les objectifs de performance sont atteints. La surveillance est réalisée tout au long du projet en accord avec le «*Guide PMBOK®*»: une surveillance continue donne au management du projet une vision approfondie de la santé du projet et identifie les domaines nécessitant une attention particulière.

Surveiller le travail du projet implique la mise au point d'actions correctives ou préventives ainsi que le suivi des plans d'action, afin de s'assurer que ces actions ont bien résolu les problèmes de performance.

L'équipe de management du projet se sert des rapports de performance du projet (voir chapitre 10) pour comparer la performance réelle au plan de management du projet. Les conclusions de l'évaluation peuvent donner lieu à la recommandation d'actions correctives ou préventives et à l'identification de nouveaux risques et de mises à jour du plan de management du projet et des documents du projet.

4.5   Mettre en œuvre la maîtrise intégrée des modifications

«Mettre en œuvre la maîtrise intégrée des modifications» est le processus de gestion des demandes de modifications dans le cadre du projet. Il s'agit de revoir les demandes de modifications, de les approuver ou les rejeter et, en conséquence, de gérer les modifications à apporter aux livrables, aux documents de management du projet et aux éléments du plan de management du projet.

Puisqu'une extension non contrôlée du contenu (aussi connue comme «dérive du contenu») est un risque commun à tous les projets, une gestion stricte des demandes de modifications est essentielle pour garder le projet sous contrôle. «Le changement» est une réalité incontournable et les projets sans modifications n'existent pas; d'où le besoin d'une maîtrise intégrée des modifications.

Seules les modifications approuvées sont autorisées à être exécutées. L'examen des demandes de modification et de leur analyse d'impact est la base d'une prise de décision correcte. La mise en œuvre des modifications demande une stricte coordination, afin de contrôler leur impact sur le projet. Une modification des exigences du projet peut affecter l'échéancier, les coûts, les risques, la qualité et les ressources.

Un système de management de la configuration avec une gestion intégrée des demandes de modifications est un outil adapté pour mettre en œuvre ce processus. Il fournira un moyen professionnel pour gérer de façon centralisée les modifications et les références de base. La maîtrise des modifications comprend l'identification, la documentation et le contrôle des modifications dans le cadre du projet.

Le processus de mise en œuvre de la maîtrise intégrée des modifications peut être rationalisé, en établissant un comité de maîtrise des modifications qui se réunira régulièrement pour évaluer, documenter et décider de la suite à donner aux demandes de modifications. Les parties prenantes concernées doivent avoir un droit de regard sur la composition de ce comité, ainsi que sur son rôle et ses responsabilités.

La maîtrise intégrée des modifications fournit des mises à jour de l'état des demandes de modifications ainsi que des modifications applicables aux éléments du plan de management du projet.

4.6   Clore le projet ou la phase

Il s'agit du processus de finalisation de toutes les activités liées aux différents groupes de processus de management du projet, pour clore formellement le projet ou la phase.

La question essentielle à laquelle il faut répondre est de savoir si le projet ou la phase a abouti aux résultats attendus. Revoir le plan de management du projet permettra de déterminer si l'état actuel des livrables du projet ou de la phase en justifie sa clôture.

Pour être plus précis, le chef de projet doit vérifier les éléments suivants:

- les activités sont terminées et ont atteint les critères de sortie de la phase ou du projet;
- les activités de transfert des livrables (produit, service, résultat) vers la prochaine phase ou vers l'organisation qui va utiliser et maintenir ces livrables sont terminées;
- les activités pour capturer les fichiers du projet et les leçons apprises pour une utilisation par de futurs projets sont terminées. Les actifs organisationnels sont mis à jour durant les processus de clôture pour une utilisation future.

La clôture du projet doit s'effectuer correctement afin d'éviter les oublis susceptibles d'avoir un impact sur l'utilisation, la maintenance ou le support des résultats du projet.

Chapitre 5
Management du contenu du projet

Le contenu du projet est la réponse à la question «quoi?»: quel est le «produit» qui va être livré dans le cadre du projet, quels devront être les livrables intermédiaires afin d'obtenir le «produit final». Cela inclut autant le contenu du produit, les caractéristiques et les fonctions du «produit final» du projet, que le contenu du projet et toutes les activités nécessaires à la réalisation du contenu du produit.

Le management du contenu du projet couvre l'ensemble des processus visant à définir et contrôler le travail requis (le contenu) et non requis (hors contenu) pour réaliser les livrables du projet.

Les processus de management du contenu du projet consistent à:
1. planifier le management du contenu: créer un plan de management du contenu;
2. recueillir les exigences: définir et documenter les besoins des parties prenantes pour satisfaire les objectifs du projet;
3. définir le contenu: faire une description détaillée du projet et de son produit;
4. Créer la structure de découpage du projet (SDP): subdiviser les livrables et le travail du projet en éléments plus petits et plus faciles à maîtriser;
5. Valider le contenu: formaliser la validation et l'acceptation des livrables achevés du projet;
6. Maîtriser le contenu: surveiller l'état du projet et maîtriser les modifications affectant la référence de base du contenu.

La référence de base du contenu est composée de l'énoncé du contenu du projet, de la SDP et de son dictionnaire. Cette référence de base du contenu est alors surveillée, vérifiée et maîtrisée tout au long du cycle de vie du projet (voir figure 5.1).

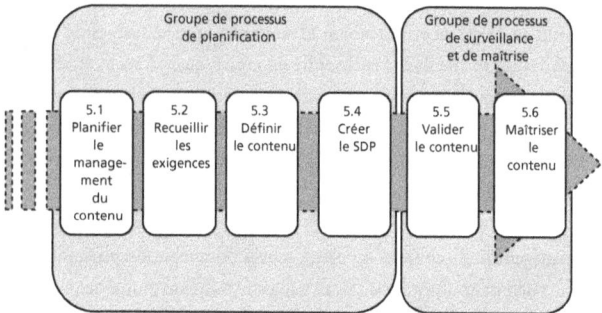

Figure 5.1 Vue d'ensemble des processus de management du contenu du projet

5.1   Planifier le management du contenu

Le processus de planification du contenu vise à créer un plan de management du contenu qui décrit comment le contenu du projet sera défini, validé et maîtrisé. Il contient également des directives claires sur la façon de gérer le contenu du projet tout au long du cycle de vie du projet.

Basé sur le plan de management du projet et sur la charte du projet, le plan de management du contenu est fondamental pour le processus «élaborer le plan de management du projet». Les principaux processus décrits dans le plan de management du contenu sont:

- la préparation de l'énoncé détaillé du contenu;
- la création, maintenance et approbation de la SDP;
- l'acceptation formelle des livrables du projet;

- la maîtrise des demandes de modifications de l'énoncé détaillé du contenu.

Finalement, le plan de management du projet est composé du plan de management du contenu et du plan de management des exigences.

5.2 Recueillir les exigences

Recueillir les exigences revient à définir et gérer les besoins et attentes du client du projet.
Les exigences sont à la base de la SDP, ainsi qu'à l'origine de la planification des coûts, de l'échéancier et de la qualité. L'élaboration des exigences commence par la compréhension du plan de management des exigences et du plan de management des parties prenantes et par l'analyse de l'information contenue dans la charte du projet et dans le registre des parties prenantes.

La charte du projet contient les exigences de haut niveau qui sont à l'origine des exigences détaillées du produit. La charte du projet est décrite dans le chapitre 4.

Le registre des parties prenantes dresse la liste des parties prenantes qui peuvent fournir des informations sur les exigences détaillées du projet. Le registre des parties prenantes est décrit dans le chapitre 13.

Différentes techniques peuvent être utilisées pour recueillir les exigences du projet, dont vous trouverez quelques exemples ci-dessous.

Entretiens

Interroger des participants du projet, des parties prenantes et des experts du domaine concerné peut apporter des informations précieuses concernant la définition des caractéristiques et des fonctions des livrables du projet.

Ateliers dirigés

Les ateliers de recueil d'exigences se concentrent sur les parties prenantes pour les aider à définir les exigences du projet. Ces sessions dirigées permettent d'améliorer les relations et la confiance parmi les participants du projet, ce qui contribue à un meilleur consensus des parties prenantes.

Techniques de créativité collective

- Remue-méninges: une technique utilisée pour générer ou recueillir des idées concernant les exigences du projet ou du produit;
- Technique du groupe nominal: cette technique enrichit le remue-méninges avec un processus de vote utilisé pour classer les idées en fonction de leur utilité en vue d'un prochain remue-méninges ou simplement pour établir des priorités.

Techniques de prise de décision collective

Ces techniques visent à prendre une décision collective, par exemple:

- l'unanimité: tout le monde est d'accord sur la façon de poursuivre;
- la majorité: la proposition est soutenue par plus de 50% des membres du groupe;
- la pluralité: le plus important des sous-groupes décide de la proposition même si la majorité absolue n'est pas atteinte.

Questionnaires et enquêtes

Ce sont des techniques utilisées pour collecter de l'information, en particulier des données statistiques auprès d'une large audience, avec un retour relativement rapide.

Observation

Dans les cas où les parties prenantes ont des difficultés à formuler leurs exigences, les pratiques telles que l'observation sur le lieu de travail (observer comment les processus sont appliqués dans le travail quotidien) ou l'observation participative (réaliser soi-même les tâches pour faire l'expérience du processus) peuvent permettre de formuler les vrais exigences.

Prototypes

L'intention est ici de mettre en œuvre un premier modèle de produit ou de service envisagé, afin de compléter les exigences. La création d'un prototype suscite une réaction rapide à propos des exigences, grâce à des cycles itératifs de création, d'utilisation, de réactions et de révisions du prototype.

Les livrables du processus de recueil des exigences sont la documentation des exigences et la matrice de traçabilité des exigences.

La documentation des exigences contient la liste de chacune des exigences qui doivent être claires (mesurables et testables), vérifiables, complètes, cohérentes et acceptables par les principales parties prenantes.

Parmi les exemples de documentation des exigences on peut citer:
- les exigences liées à l'activité, incluant les règles et les principes organisationnels,
- les exigences des parties prenantes, y compris l'impact sur les autres organisations ou entités, ainsi que les exigences de communication,
- les exigences de solution, comprenant les exigences fonctionnelles, la spécification des processus de l'activité, des informations et de leurs interactions,
- les exigences en termes de technologie, de conformité, de support et de formation, ainsi que de qualité,
- les exigences du projet tels que les niveaux de service, de performance, de sûreté, de sécurité, de conformité, de maintien en conditions opérationnelles ainsi que les critères d'acceptation,
- les exigences de transition,
- les hypothèses et contraintes prises en compte pour établir les exigences.

La matrice de traçabilité des exigences relie les exigences du produit depuis leur origine jusqu'aux livrables qui y répondent. Cette matrice permet le suivi de ces exigences tout au long du cycle de vie du projet.

5.3   Définir le contenu

Définir le contenu est le processus de création de la description détaillée du projet et du produit final.

Afin de définir le contenu, le chef de projet se servira du plan de management du contenu, de la charte du projet et de la documentation des exigences. Conjointement avec les actifs organisationnels, parmi lesquels les leçons apprises sont les plus importants, ces documents fourniront les informations de base pour définir le contenu du projet.

Les techniques connues pour aider à l'élaboration de l'énoncé du contenu du projet sont le jugement d'expert, l'analyse du produit, la génération de possibilités alternatives et les ateliers dirigés.

Le processus «définir le contenu» aboutit à l'énoncé du contenu du projet, ainsi qu'à la mise à jour des documents antérieurs du projet pour prendre en compte les nouvelles idées.

L'énoncé du contenu du projet documente les principaux livrables du projet, les hypothèses adoptées et les contraintes. Il doit également contenir de façon explicite un énoncé de ce qui est exclu du projet afin de clarifier les attentes des parties prenantes.

À partir de l'énoncé du contenu du projet, l'équipe de projet peut alors détailler la planification. En cas de demandes de modification ou de travail additionnel, l'énoncé du contenu du projet servira de cadre pour déterminer si ces demandes se trouvent ou non dans les limites du projet.

L'énoncé du contenu du projet contient:
- la description du contenu du produit et le service ou le résultat qui doit être livré selon ses exigences,
- les critères d'acceptation,
- les livrables du projet, qui sont à la fois liés au produit ou service que le projet doit livrer, ainsi qu'à des résultats tels que les rapports de management du projet ou la documentation,
- les exclusions, c'est à dire les livrables qui sont en dehors du contenu,
- les contraintes du projet qui vont limiter les possibilités de l'équipe, comme par exemple, l'enveloppe budgétaire ou les dates ou jalons imposés par le client ou par l'organisation réalisatrice,
- les hypothèses du projet, soit tous les facteurs considérés comme réalistes en vue de la planification.

5.4 Créer la Structure de Découpage du Projet (SDP)

«Créer la SDP» est le processus qui consiste à subdiviser les principaux livrables et leurs activités associées en composants plus petits et plus faciles à maîtriser. Le PMI définit la structure de découpage du projet (SDP).

Définition du PMI:
C'est la décomposition hiérarchique du contenu total du projet, qui définit le travail que l'équipe de projet doit réaliser pour atteindre les objectifs du projet et produire les livrables requis.

Pour de plus amples informations concernant la structure de découpage du projet, référez-vous au livre édité par le PMI: *Practice Standard for Work Breakdown Structures – Second Edition (*en anglais seulement*).* Cette norme fournit des recommandations pour l'élaboration et l'application de la structure de découpage du projet. Il contient des propositions de modèles de SDP dans certains domaines de l'industrie qui peuvent être adaptées à des projets spécifiques.

L'énoncé du contenu du projet et la documentation des exigences sont les principales données d'entrée pour créer la SDP, voir figure 5.2.

La principale technique pour élaborer la SDP est la décomposition, reposant souvent sur le jugement d'expert.

La décomposition consiste en la subdivision en éléments plus petits et plus maîtrisables jusqu'à ce que le travail et les activités soient définis au niveau du lot de travail. Le lot de travail est l'élément le plus bas de la SDP. À ce niveau, les coûts et la durée des activités peuvent être estimés et gérés de façon fiable.

SDP Exemple

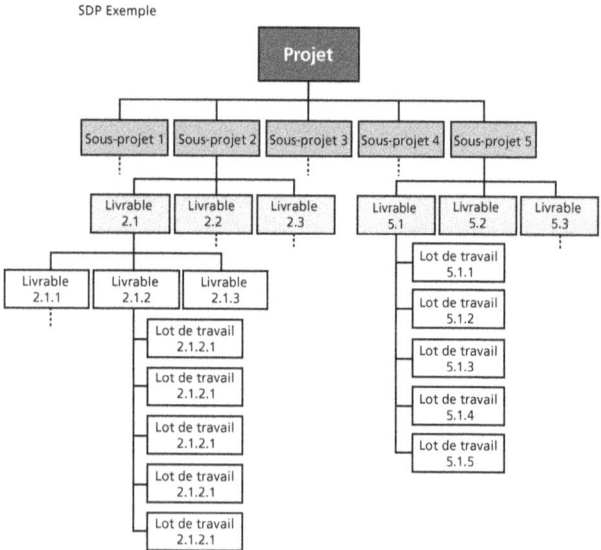

Figure 5.2 Exemple de SDP

Décomposer le travail à un niveau de détail plus fin va améliorer la possibilité de gérer ce travail. Toutefois, une décomposition excessive peut mener à l'inefficacité de gestion, de ressources et de réalisation du travail. La décomposition à un niveau de détail plus précis de phases futures est parfois différée, ce qui est appelé la planification par vagues.

La SDP doit respecter ce qui est souvent appelé la règle des 100%. Les lots de travail du niveau le plus bas doivent remonter jusqu'aux niveaux les plus hauts et couvrir tout le travail prévu dans le projet. La SDP doit refléter l'ensemble du travail du projet.

La SDP peut être représentée par un schéma, un organigramme (le plus courant), un diagramme en arêtes de poisson, ou toute autre forme de graphique.

La SDP est quelques fois accompagnée d'un dictionnaire de la SDP, qui va fournir une description détaillée des composants de la SDP, couvrant entre autres:

- le code de la SDP,
- la description du travail,
- l'organisation responsable,
- la liste des jalons planifiés,
- les ressources nécessaires,
- l'estimation des coûts,
- les exigences en termes de qualité,
- les critères d'acceptation.

Ce processus se termine par l'établissement de la référence de base du contenu qui est composée des trois documents approuvés suivants:

- l'énoncé du contenu du projet,
- la SDP,
- le dictionnaire de la SDP (si nécessaire).

5.5   Valider le contenu

«Valider le contenu» est le processus qui établit l'acceptation formelle des livrables du projet au moment de leur finition. Cela inclut l'examen des livrables avec les parties prenantes afin d'obtenir leur acceptation formelle. Le *Guide PMBOK®* fait la distinction entre la validation du contenu et le contrôle de qualité: «valider le contenu consiste principalement en l'acceptation formelle des livrables, tandis que le contrôle de qualité consiste à s'assurer de la conformité des livrables ainsi que de la bonne application des exigences de qualité définies pour les livrables».

Le plan de management du projet, la documentation des exigences et les livrables vérifiés, avec la matrice de traçabilité des exigences et les données de performance du travail, permettent le démarrage du processus «valider le contenu».

Le plan de management du projet, décrit dans le Chapitre 4, incorpore la référence de base du contenu, qui est composée de:
• l'énoncé du contenu du projet,
• la SDP,
• le dictionnaire de la SDP.

Les livrables vérifiés sont ceux qui ont été achevés et dont l'exactitude a été vérifiée par le processus «mettre en œuvre le contrôle qualité» (voir Chapitre 8).

«Valider le contenu» est couramment réalisé par inspection autant que par des techniques de prise de décision de groupe et va produire des livrables acceptés ainsi que des demandes de modification.

Les livrables acceptés sont ceux qui ont été formellement terminés et acceptés par les parties prenantes concernées. L'acceptation formelle par les parties prenantes est transmise au processus «clore le projet ou la phase» (voir section 4.6). Les livrables achevés qui n'ont pas été formellement accepté nécessitent la plupart du temps une modification pour qu'ils atteignent le niveau requis d'acceptation. Les demandes de modification sont traitées dans le cadre du processus «mettre en œuvre la maîtrise intégrée des modifications» (voir chapitre 4).

De plus, la validation de livrables importants peut être une donnée d'entrée à la communication vers les parties prenantes (Chapitre 10) afin de démontrer la progression du projet.

5.6 Maîtriser le contenu

«Maîtriser le contenu» est le processus de gestion du contenu du projet et des modifications de la référence de base du contenu. Un fait indéniable de la vie du projet est qu'il y aura des modifications, en particulier du contenu du projet. Puisque les modifications de contenu non maîtrisées mènent à la dérive du contenu et introduisent des risques inacceptables, un processus strict de maîtrise des modifications est nécessaire. Adhérer au processus de Maîtrise du contenu va assurer que toutes les modifications du contenu vont être traitées au titre du processus «mettre en œuvre la maîtrise intégrée des modifications» (voir Chapitre 4).

Afin de maîtriser le contenu, quatre éléments principaux sont nécessaires: le plan de management du projet, les données de performance du travail, la documentation des exigences et la matrice de traçabilité des exigences.

Le plan de management du projet contient les éléments clés pour maîtriser le contenu, à savoir:
- la référence de base du contenu,
- le plan de management du contenu,
- le plan de management des modifications,

- le plan de management de la configuration,
- le plan de management des exigences.

Les données de performance du travail fournissent des informations sur les progrès du projet. Elles montrent l'état de chacun des livrables (démarré, en cours, terminé, en accord ou non avec le plan).

Avec toutes ces informations, le chef de projet peut réaliser une analyse des écarts, en vérifiant s'il y a une différence entre le travail accompli et la référence de base du contenu. À partir de cette vérification et d'une documentation claire des exigences – pour détecter facilement un écart par rapport au contenu et à la matrice de traçabilité des exigences qui permet de comprendre l'impact de toute modification ou de tout écart éventuel à la référence de base du contenu – le chef de projet peut proposer toute action corrective ou préventive nécessaire en émettant des demandes de modifications.

Ces demandes de modification peuvent amener à des mises à jour du plan de management du projet, habituellement:

- des mises à jour de la référence de base du contenu,
- d'autres mises à jour de références de base: dans les cas où des demandes de modifications approuvées ont un effet sur le contenu du projet, alors les références de base des coûts et de l'échéancier vont probablement nécessiter une révision pour refléter les modifications approuvées.

Chapitre 6
Management des délais du projet

Le management des délais traite des étapes nécessaires pour gérer l'achèvement du projet dans le temps voulu. Il tente de déterminer les dates de livraison, les jalons et les dates de fin possibles, compte tenu de toutes les contraintes connues. Le management des délais est souvent vu comme le cœur de la discipline de management de projet; plusieurs logiciels disponibles s'y intéressent. Les rapports de ces logiciels sont souvent nommés le «plan de projet», mais pour le domaine de connaissance correspondant au management des délais du projet, il s'agit d'un «échéancier de projet» et non d'un plan de projet.

Le management des délais du projet couvre sept processus:
1. planifier le management de l'échéancier,
2. définir les activités,
3. organiser les activités en séquence,
4. estimer les ressources nécessaires aux activités,
5. estimer la durée des activités,
6. élaborer l'échéancier,
7. maîtriser l'échéancier.

Dans les petits projets en particulier, les différentes actions du processus sont si étroitement liées qu'elles sont considérées comme un processus unique pouvant être exécuté par une seule personne.

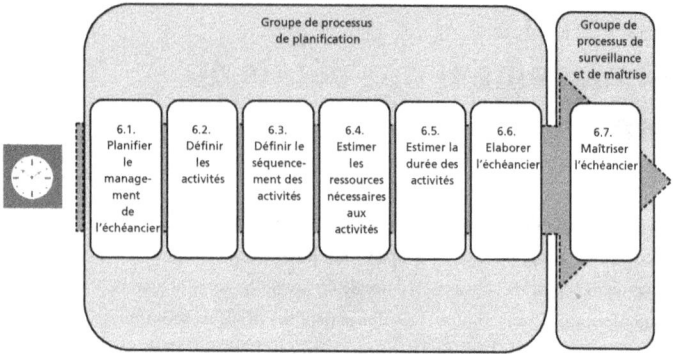

Figure 6.1 Vue d'ensemble du management des délais du projet

6.1   Planifier le management de l'échéancier

Les modalités selon lesquelles est exécuté le management des délais pour
un projet donné sont décrites dans le plan de management de l'échéancier.
Ce plan définit comment les différentes techniques de management des
délais seront appliquées dans le projet, quel logiciel, le cas échéant, sera
utilisé, comment l'effort et la durée seront calculés, quelles techniques
d'estimation seront utilisées.

Le plan de management de l'échéancier est inclus dans le plan de
management du projet.

6.2   Définir les activités

Le second processus identifie les actions nécessaires pour créer une liste
d'activités à partir de la structure de découpage du projet (SDP). Toutes les
actions des processus de management des délais du projet sont déterminées
par les activités, et non pas par les éléments de la SDP. Cette dernière
décompose les livrables en lots de travail. Les activités représentent en

revanche le travail nécessaire pour compléter les lots de travail. Toutefois, dans les projets de petite envergure, la distinction entre les activités et les éléments de la SDP peut être floue.

La technique utilisée pour définir les activités nécessaires se nomme «décomposition» et elle est semblable à la technique décrite dans la section 5.4.

Il n'est pas nécessaire de décomposer les activités de tous les lots de travail dès le début. Il existe une technique itérative, nommée «planification par vagues» où le travail à accomplir à court terme est planifié de façon détaillée.

Des attributs additionnels aux activités peuvent être définis. La désignation initiale des personnes responsables, les définitions des contraintes sur les ressources et de la dépendance avec d'autres activités, ainsi que des premières estimations d'effort peuvent être documentées durant cette étape du processus.

6.3 Organiser les activités en séquence

Une fois les activités identifiées dans l'étape précédente du processus, l'équipe de management du projet doit identifier l'ordre d'exécution approprié, c'est-à-dire *quelle activité* a une *relation* avec d'autres, quelle activité doit être faite en premier, en second, etc.

Le résultat de cette action du processus est un diagramme en réseau de l'échéancier (voir figure 6.2), qui montre le séquencement des activités selon les relations obligatoires (et préférées).

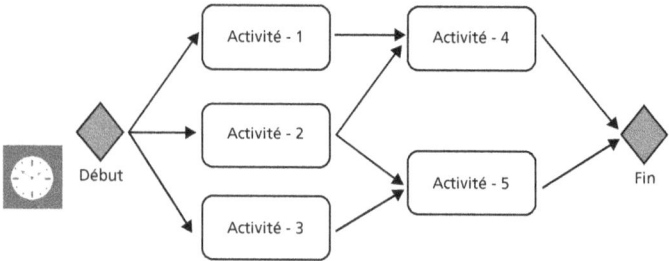

Figure 6.2 Diagramme en réseau

Le type de relation principalement et communément utilisé est la dépendance fin-début, ce qui signifie que le début de l'activité qui doit suivre dépend de l'achèvement de l'activité précédente.

Figure 6.3 Relation fin-début

D'autres relations entre les activités peuvent être définies:
- fin-fin: l'achèvement dépend de l'achèvement de l'activité précédente,
- début-début: le début de l'activité suivante dépend du début de la précédente,
- début-fin: l'achèvement de l'activité suivante dépend du début de la précédente (cette relation, plutôt délicate, est utilisée principalement dans la «planification à rebours»!).

Il est très important de garder en tête le but de cette étape du processus «organiser les activités en séquence». Il s'agit de trouver et d'illustrer les dépendances réelles. À ce niveau, on ne s'intéresse ni aux contraintes sur les ressources ni aux efforts estimés.

Exemple

Lorsque vous allez au poste d'essence, l'activité «paiement pour l'essence» (PE) a une relation fin-début avec l'activité «remplir le réservoir de carburant» (RC). L'activité «vérifier le gonflage des pneus» (VGP) est totalement indépendante. Même si vous êtes seul (si vous êtes la seule ressource disponible), le diagramme en réseau ressemble à celui indiqué dans la figure 6.4.

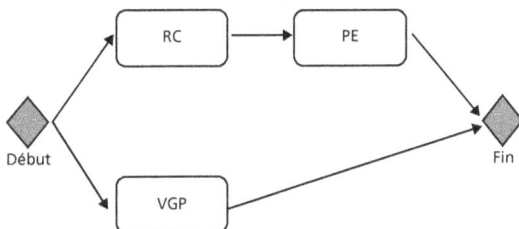

Figure 6.4 Diagramme en réseau de poste à essence

Il est aussi important de noter que chaque activité dans le diagramme en réseau a au moins une «flèche d'entrée» et une «flèche de sortie». S'il manque une des deux flèches, l'activité du diagramme est dite «orpheline».

6.4 Estimer les ressources nécessaires aux activités

La prochaine action consiste à estimer le type et la quantité de matériels, de ressources humaines, d'équipements ou de fournitures par activité. C'est une action difficile, puisque le processus «estimer les ressources nécessaires aux activités», approximatif au début, sera affiné lors du processus «élaborer l'échéancier».

Le but n'est pas simplement de déterminer le nombre approximatif de personnes requises mais aussi d'identifier les compétences appropriées (et les autres ressources) nécessaires pour mener la tâche à bien.

Exemple
Un projet de rénovation d'un immeuble historique peut requérir des peintres formés. Dans la première itération de l'action de ce processus, nous pourrions identifier le besoin de quatre peintres afin d'achever l'ouvrage. C'est notre première hypothèse, jusqu'à ce que l'action du processus «élaborer l'échéancier» montre qu'il en faut huit pour finir le projet à temps.

Ainsi, les exigences en termes de ressources pour les activités sont identifiées et documentées, une structure de découpage des ressources peut être élaborée, et les documents du projet, comme les attributs des activités, sont mis à jour.

6.5   Estimer la durée des activités

Pour déterminer combien de temps dure une activité, il faut d'abord distinguer l'effort de la durée.

L'effort est la quantité de travail à réaliser. La durée est la période de temps allouée pour réaliser le travail. Il ne faut pas confondre les deux.

Exemple
Afin d'avoir une idée de la durée requise, l'effort par activité doit être déterminé. L'estimation de l'effort par activité, qui a été réalisée soit au cours de l'étape précédente, soit dans cette étape. Notons bien que l'estimation de la durée est impossible sans une détermination appropriée de l'effort.

Toutes les estimations (effort et durée) ont de larges variances (incertitude) au début du projet. C'est pourquoi, toute estimation doit être progressivement mise à jour tout au long du projet, afin de réduire l'incertitude et d'améliorer la maîtrise du projet.

Il y a plusieurs techniques d'estimation disponibles. Nous décrivons ici les trois plus importantes.

Estimation par analogie

Cette technique utilise les paramètres de projets antérieurs, tels que le budget, la taille et la complexité. Elle est utilisée lorsque l'on dispose de peu d'informations, comme cela est le cas dans les premières phases du projet. Le danger avec l'estimation par analogie est de comparer deux situations qui ne devraient ou ne pourraient pas l'être. Cette technique est généralement moins coûteuse mais aussi moins précise.

Estimation paramétrique

Semblable à l'estimation par analogie, cette technique utilise des relations statistiques entre des données historiques (analogues) et autres paramètres d'estimation. Un exemple typique d'estimation paramétrique de la durée est la combinaison du temps requis par mètre carré multipliée par le nombre total de mètres carrés dans un projet de construction. Cette technique peut offrir une grande précision selon la sophistication et les données du modèle.

Estimation à trois points

Considérée comme une des meilleures méthodes, l'estimation à trois points utilise trois valeurs par activité:

- la valeur la plus probable (t^{pp});
- la valeur optimiste (t^{opt});
- la valeur pessimiste (t^{pes}).

La formule de la figure 6.5 est utilisée pour déterminer la durée attendue de l'activité, où la pondération de la valeur la plus probable est multiplié par 4.

$$PERT = \frac{t^{opt} + (4 * t^{pp}) + t^{pes}}{6}$$

Figure 6.5 Formule PERT

Cette technique d'estimation est utile lorsqu'aucune autre source n'est disponible.

6.6   Élaborer l'échéancier

Tous les ingrédients nécessaires à l'élaboration de l'échéancier sont maintenant prêts. Les activités sont définies, les ressources sont estimées, la durée par activité est disponible et les relations logiques sont définies dans un diagramme en réseau. Cet effort d'élaboration est grandement facilité par l'utilisation d'un outil de planification qui produit instantanément un résultat préliminaire à partir des entrées précédemment mentionnées.

L'élaboration d'un échéancier est généralement un processus itératif puisque les premiers résultats ne correspondent que rarement avec les dates et jalons prévus.

L'élaboration d'un échéancier demande souvent la révision des estimations de la durée et des ressources. L'échéancier élaboré est soumis à une analyse du réseau de l'échéancier. Ceci permet de déterminer la marge, de prendre en considération la charge de travail des ressources, de préparer des scénarios hypothétiques, de revoir la logique, etc.

La **méthode du chemin critique** ou **MCC** est la méthode la plus commune pour analyser l'échéancier. La date de fin la plus rapprochée est calculée en additionnant les durées des activités selon la disposition du réseau. La MCC détermine au moins un chemin dans le diagramme en réseau qui a une influence directe sur la date de fin. En d'autres termes, un retard sur cette route causera probablement un retard dans le prochain jalon. L'algorithme MCC est la base des logiciels les plus connus et représente la norme dans l'élaboration des échéanciers.

Une technique plus récente, nommée **méthode de la chaîne critique**, fut élaborée à partir de la MCC mais en tenant compte de l'allocation de ressources limitées ou hautement spécialisées. Après l'élaboration d'un échéancier normal selon la MCC, la disponibilité des ressources est indiquée et un échéancier est élaboré, sur la base de la limitation des ressources. L'échéancier ainsi produit a souvent un chemin critique différent du premier échéancier.

La technique de **nivellement des ressources** considère les ressources en évitant de les surcharger de travail. Son utilisation est nécessaire lorsque les ressources sont sur-allouées ou lorsqu'elles ne sont disponibles qu'à certains moments ou en faibles quantités.

Les techniques de compression de l'échéancier, où la compression des délais est obtenue en chevauchant l'exécution des activités, sont utilisées pour ajuster l'échéancier du projet. Si la durée totale doit être réduite, le chef de projet utilise fréquemment l'une ou les deux de ces méthodes de compression. La compression des délais signifie que la durée d'une seule activité est réduite. Comment le fait-on? En ajoutant des ressources ou en travaillant en heures supplémentaires, par exemple. L'exécution accélérée par chevauchement est possible, par exemple, lorsqu'une activité dans une relation fin-début n'attend pas la fin de l'activité précédente mais commence à la date de début planifiée de celui-ci. L'exécution accélérée par chevauchement accroît le risque de devoir recommencer le travail, mais est une technique courante pour réduire la durée d'un projet.

Les échéanciers illustrés dans les figures 6.6, 6.7 et 6.8 sont représentatifs du résultat obtenu par le processus d'élaboration de l'échéancier.

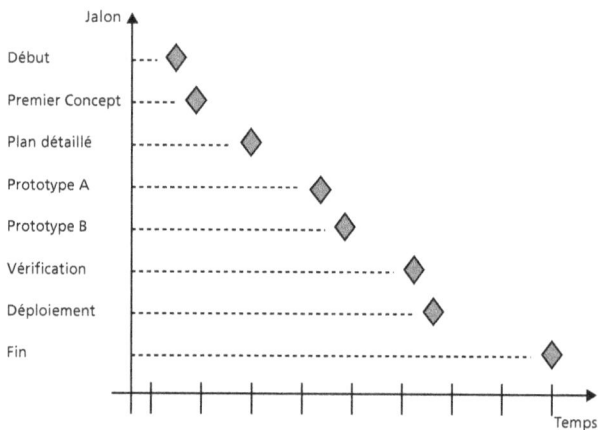

Figure 6.6 Échéancier de jalons

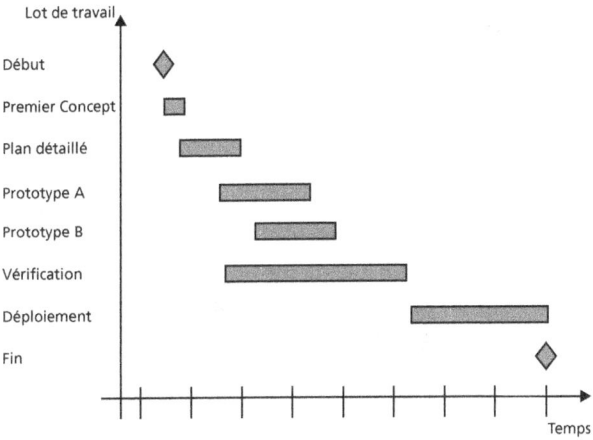

Figure 6.7 Diagramme de Gantt

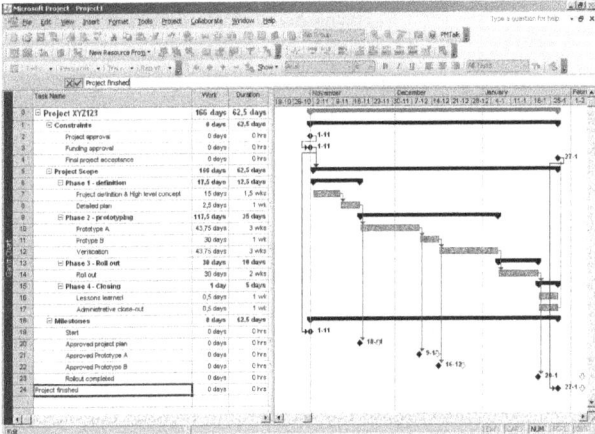

Figure 6.8 Échéancier de projet: un échéancier détaillé avec les relations logiques

Une fois l'élaboration de l'échéancier achevée, le résultat final est une référence de base de l'échéancier, qui peut être intégrée dans le plan global de management de projet.

6.7   Maîtriser l'échéancier

On imagine aisément qu'il est impossible de maîtriser l'échéancier sans avoir une référence de base de celui-ci, mais il est tout aussi important de maintenir cette référence de base afin de s'assurer qu'elle reflète toujours la situation présente. C'est pourquoi le processus «maîtriser l'échéancier» est utilisé pour surveiller l'état du projet et gérer les modifications de la référence de base de l'échéancier. Ce processus se charge de:

- déterminer l'état actuel,
- tenter d'influencer les facteurs qui peuvent changer l'échéancier,
- voir si l'échéancier a changé quelle qu'en soit la raison,
- gérer les modifications à mesure qu'elles surviennent.

Le résultat final du processus est un échéancier et des dossiers de projet à jour.

Bref, en suivant systématiquement ces sept processus logiques de management de projet pour le management des délais, le chef de projet, l'équipe de projet et l'équipe de direction pourront gérer efficacement et communiquer sur l'une des contraintes les plus importantes: les délais.

C'est le meilleur moyen de définir et de gérer de façon efficace les livraisons ultérieures dans l'échéancier, optimisant ainsi la dimension «durée».

Il est essentiel de s'assurer que les activités sont planifiées et correctes dès la première fois. Il est d'un grand intérêt de réaliser un maximum d'objectifs du projet avec un minimum d'effort, en optimisant la dimension «effort».

Puisque «le temps c'est de l'argent», les coûts sont, en grande partie, la conséquence de notre efficacité dans le management des délais.

Chapitre 7
Management des coûts du projet

L'argent est généralement l'une des contraintes clés de tout projet. Le management des coûts du projet correspond donc à la définition du budget et au management du coût réel du projet dans le budget approuvé. Mais si le mobile principal du projet est financier, à savoir un investissement approuvé ayant pour but de faire des économies après la livraison du projet, il a également pour objet de préserver et, éventuellement, d'améliorer l'analyse de la rentabilité financière du projet.

Dans les environnements client-fournisseur, il est nécessaire de faire la distinction entre le budget du projet et le prix potentiel d'un projet (par exemple par la vente du résultat du projet sur le marché). Le management de projet, et en particulier le management des coûts du projet, ne sont concernés que par le budget – le prix et la marge positive ou négative est une décision de management en dehors du projet. Les éléments du management des coûts sont: la définition des coûts («estimation»), la construction d'une référence («budgétisation») et enfin le contrôle des coûts – principalement par une approche appelée le management par la valeur acquise (Earned Value Management, EVM) qui sera expliquée plus en détail dans la section 7.4.

Le domaine de connaissance «management des coûts du projet» contient quatre processus:
1. la planification du management des coûts,
2. l'estimation des coûts,
3. la détermination du budget,
4. la maîtrise des coûts.

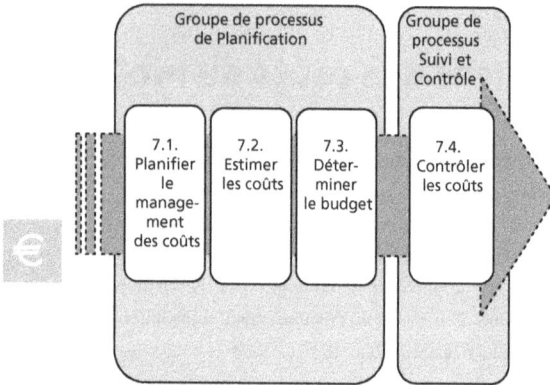

Figure 7.1 Vue d'ensemble des processus de management des coûts

Un chef de projet doit connaître les coûts alloués au projet, la façon dont ils sont affectés et les concepts de maîtrise de ces coûts. Dans le cas où un projet informatique a besoin d'un environnement de test dédié, il est crucial d'avoir une vision claire du mécanisme qui détermine comment l'environnement de test est budgétisé. Il est également très important de veiller sur les exigences des parties prenantes pour capturer les coûts. Les différentes parties prenantes peuvent avoir des opinions divergentes et des exigences distinctes sur la façon dont les coûts sont attribués et rapportés.

Un autre aspect du management des coûts du projet a trait aux conséquences des décisions du projet en matière de maintenance ou de coût du support du produit. Faut-il garder les coûts du projet bas, afin de respecter le budget, même si le résultat est l'augmentation des coûts de maintenance?

7.1   Planifier le management des coûts

Le management des coûts peut être réalisé dès les premières activités de planification, au moment de la définition du contenu et de l'allocation des ressources. La façon dont les coûts seront gérés dans un projet donné est documentée dans le plan de management des coûts. Ce plan, qui fait partie du plan de management du projet global, décrit tous les critères nécessaires à la planification, la structuration, l'estimation, la budgétisation et la maîtrise des coûts du projet. Un plan de management des coûts doit couvrir les éléments suivants:

- le «niveau de précision» – avec quelle précision doit-on estimer et ainsi maîtriser les coûts (arrondir les données pourrait être utile)?
- les «unités de mesure» – quelles unités ou combinaisons d'unités utilise-t-on dans nos mesures (heures, jours, semaines, mois …)?
- les «liens avec la procédure organisationnelle» – comment le travail dans la SDP est-il lié au système comptable de l'organisation réalisatrice?
- les «seuils de contrôle» – quels écarts par rapport à la référence de base sont considérés comme normaux et autorisés?
- les «règles de mesures de performance» – quelles règles appliquons-nous dans notre projet?
- les «formats de rapports» – quel format s'appliquera à nos rapports?
- la «description de processus» – existe-t-il des définitions de processus supplémentaires à exécuter?

7.2.   Estimer les coûts

Estimer les coûts n'est pas un effort ponctuel. Dans les premières étapes ou phases d'un projet, les écarts d'estimations peuvent être plus élevés. Les estimations seront d'autant meilleures que les informations disponibles seront plus abondantes. Par conséquent, les estimations des coûts doivent être affinées au cours d'un projet dans le but de réduire l'écart. Le degré d'incertitude dans les estimations dépend du produit à développer et peut varier d'une industrie à l'autre. De nombreuses organisations ont par exemple mis en place des recommandations concernant le degré de précision attendu sur une phase particulière du projet.

Message clé

Quand il s'agit de l'estimation des coûts, toutes les ressources qui seront payées par le projet feront partie de cet exercice: la main d'œuvre, les matériaux, les équipements, les services, les installations et même les coûts liés à l'inflation ou les aléas sur les coûts.

À la fin de cette étape, tous les coûts sont estimés pour toutes les ressources. Il pourrait être également nécessaire d'expliciter les sources des estimations et la démarche adoptée, ainsi que les contraintes connues et les hypothèses qui ont influencé les estimations.

Données d'entrée:
- l'énoncé du contenu, la SDP (y compris le dictionnaire de la SDP) et la liste des activités – ce sont les éléments les plus importants pour déterminer les estimations de coûts;
- l'échéancier du projet – le type et la quantité des ressources peuvent s'y trouver, ainsi que les estimations de l'effort et de la durée du travail à effectuer;
- le plan de management des ressources humaines – les caractéristiques et les taux horaires du personnel peuvent en faire partie;
- le registre des risques – le coût d'atténuation des risques et les coûts potentiels (supplémentaires) au cas où les risques surviendraient sont documentés ici.

En tenant compte des différentes données entrées l'équipe de projet peut faire usage de plusieurs outils et techniques pour arriver à faire les meilleures estimations possibles des coûts dans une phase de projet donnée. Quelques exemples sont donnés ci-dessous.

Tout d'abord nous avons le **jugement d'expert**. Guidés par des informations historiques sur des projets similaires ou sur les modules de travail dans le passé, les experts peuvent avoir la meilleure des connaissances pour combiner les méthodes d'estimation et concilier les différences entre elles.

L'estimation par analogie est semblable à l'approche «jugement d'expert». Les informations provenant d'autres projets sont utilisés pour déterminer la base des estimations pour le projet en cours.

L'estimation paramétrique utilise un modèle mathématique (comme des mètres carrés en peinture) pour aboutir à un budget, une durée, ou même un prix.

Et finalement, il y a **l'estimation ascendante**. C'est, dans de nombreux cas, la technique d'estimation des coûts la plus précise mais aussi la plus coûteuse en temps. Cette technique estime le coût de chaque lot de travail dans un composant de la SDP (structure de découpage du projet). L'addition de tous les lots de travail (le plus bas niveau de la SDP) se traduira par une estimation de l'ensemble du projet. Cette approche peut même être encore plus précise, en appliquant la technique de «**l'estimation à trois points**». La méthode de l'estimation à trois points est discutée dans la section 6.5 et peut être appliquée tant pour les coûts que pour les délais.

7.3 Déterminer le budget

Le budget du projet est déterminé à partir des estimations agrégées des coûts des activités individuelles ou des lots de travail. Le montant cumulé représente le budget du projet. Si les provisions pour imprévus ne font pas partie de la référence de base des coûts, elles restent sous le contrôle du management.

En combinant les estimations des activités avec le calendrier du projet, une référence de base de coûts est obtenue. Il s'agit des fonds autorisés pour exécuter le projet et cela constitue une donnée d'entrée importante de l'étape suivante, la «maîtrise des coûts».

La référence de base est généralement représentée sous la forme d'une courbe en S, comme dans la figure 7.2. La courbe en S présente le montant cumulé de l'argent à dépenser au cours du projet.

Un autre résultat du processus «déterminer le budget» peut être un plan de financement du projet, défini en dernier recours par le commanditaire. Si le projet est financé par les paiements des clients initiaux, la référence de base apporte une information précieuse concernant tous les besoins de financement supplémentaires ou les besoins spécifiés de soutien financier par l'organisation réalisatrice du projet.

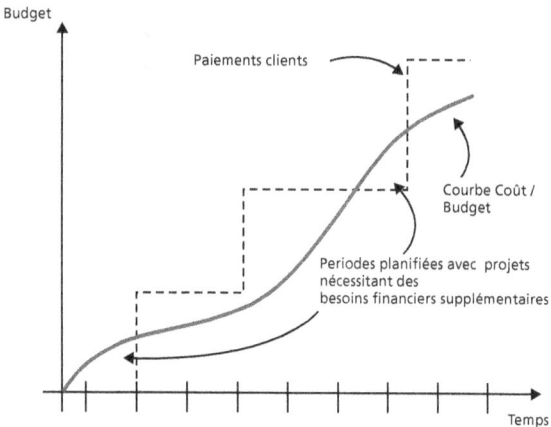

Figure 7.2 Exemple de base de référence – Courbe en S

7.4 Maîtriser les coûts

Ce processus du *Guide PMBOK®* contient l'une des principales techniques de maîtrise et de surveillance de projet utilisées aujourd'hui. Elle est appelée la technique de management par la valeur acquise.

La maîtrise des coûts est le processus de suivi de l'état du projet, également utilisé pour gérer les modifications apportées à la référence de base des coûts. Elle comprend la maîtrise des modifications de la base de référence des coûts, en veillant notamment à ce que toutes les demandes de modifications soient sollicitées en temps opportun, pour pouvoir les gérer, et en suivant les performances de coût et de travail.

Deux données d'entrée sont importantes pour le processus de maîtrise des coûts. La première est la référence de base des coûts discutée ci-dessus. La deuxième est l'information sur la performance de travail, à savoir l'information sur le travail qui a été accompli, sur les activités achevées et les activités ou l'ensemble des lots de travail actuellement en cours, et sur la somme d'argent ou de temps qui leur a été consacrée.

Un élément clé de la maîtrise du coût et du projet est la détermination du travail achevé. Différentes techniques et méthodes sont disponibles pour avoir la meilleure vue possible du niveau de réalisation du projet. Les éléments de mesure clés à surveiller sont appelés les techniques 0/100 ou 20/80.

Management par la valeur acquise (Earned Value Management, EVM)

Comme mentionné précédemment, le management par la valeur acquise est la technique clé utilisée pour déterminer l'état actuel d'un projet en termes de délais et d'argent. Le raisonnement que sous-tend l'EVM est la comparaison de la valeur planifiée avec les coûts réels,

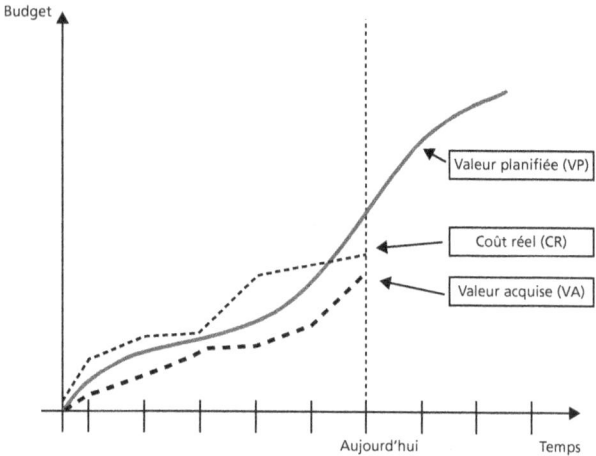

Figure 7.3 Management de la valeur acquise

et **avec l'avancement réalisé (c'est à dire acquis) par l'équipe.** La comparaison de base entre les données prévues et les données réelles pourrait être totalement trompeuse («À ce jour nous avons prévu de dépenser 150k\$, et jusqu'à présent, nous n'avons dépensé que 130k\$, nous sommes 20k\$ en dessous de notre plan de coût»). Rien n'est dit sur la façon dont l'argent a été dépensé ou si le travail effectué est conforme au plan. L'hypothèse selon laquelle le montant d'argent dépensé est proportionnel au travail accompli n'est pas vérifiée.

L'EVM introduit une troisième dimension qui se rapporte à la valeur du travail réellement effectué, en multipliant le budget dépensé par le pourcentage d'avancement. Dans l'exemple ci-dessus, supposons que le budget est de 250k\$ et que le gestionnaire de projet rapporte un avancement de 40%. La valeur virtuelle du projet est de 250k\$ x 40% = 100 k\$. Le projet a une «valeur acquise» de 100k\$. Bien sûr, il s'agit d'un montant fictif et virtuel, puisque personne ne paiera 100k\$ pour un travail à moitié réalisé. Toutefois, la valeur acquise nous permet de déterminer notre statut par rapport à l'argent dépensé (130k$) et le montant d'argent que nous aurions dû dépenser jusqu'à présent (150k$).

Compte tenu des chiffres ci-dessus, notre projet semble être coûteux. Nous avons accompli un travail à la valeur de 100k$, mais nous avons déjà dépensé 130k$, nous sommes donc 30k$ au-dessus de notre coût planifié.

Et, étant donné les chiffres ci-dessus, notre projet semble également être en retard. Nous avons terminé le travail correspondant à la valeur de 100k$, mais en fait nous aurions dû avoir terminé un travail correspondant à la valeur du travail de 150k$ à ce jour. Nous sommes donc 50k$ en retard. Oui, «50k$» de retard. Cela perturbe presque tous ceux qui utilisent de cette technique pour la première fois: la dimension temporelle est exprimée en unités monétaires. Mais cela rend le calcul plus simple et tout le monde est conscient du fait que le temps c'est de l'argent…

Chapitre 8
Management de la qualité du projet

Le management de la qualité du projet contribue à ce que ce dernier atteigne ses objectifs de «qualité».

Le *Guide PMBOK®* identifie les trois processus suivants de management de la qualité du projet:

1. planifier le management de la qualité: c'est recueillir toutes les exigences de qualité et décrire comment l'équipe de projet va s'y conformer.
2. mettre en œuvre l'assurance qualité: c'est auditer ces exigences et appliquer des standards de qualité, en surveillant les mesures de contrôle qualité.
3. mettre en œuvre le contrôle qualité: c'est exécuter les activités de contrôle de qualité afin de mesurer la performance et, le cas échéant de recommander des modifications.

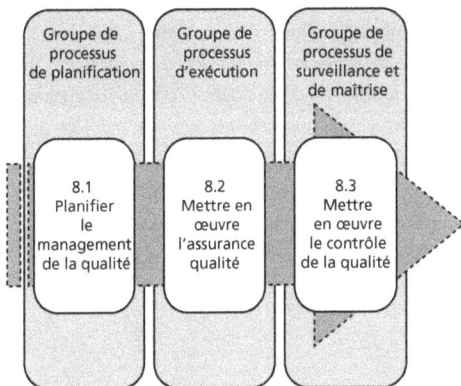

Groupe de processus de planification	Groupe de processus d'exécution	Groupe de processus de surveillance et de maîtrise
8.1 Planifier le management de la qualité	8.2 Mettre en œuvre l'assurance qualité	8.3 Mettre en œuvre le contrôle de la qualité

Figure 8.1 Vue d'ensemble des processus de management de la qualité du projet

Si les exigences de qualité du projet ne sont pas atteintes, l'impact sur la performance du projet et sur la réalisation de ses résultats attendus sera très négatif. Ceci met en exergue l'importance du management de la qualité, qui s'intéresse donc aussi bien à la qualité du produit qu'à celle des processus de management du projet.

La qualité peut être définie comme le niveau de satisfaction des spécifications ou des attentes des utilisateurs fourni par un produit ou un service. La qualité n'est pas synonyme de classe. La classe est une traduction des caractéristiques techniques du produit. Deux produits ou services peuvent avoir la même fonction avec des caractéristiques différentes. Si une qualité médiocre (beaucoup de défauts ou ne répondant pas aux attentes) pose un problème dans une classe donnée, cela ne sera peut-être pas le cas dans une classe inférieure.

Le management de projet et le management de la qualité reconnaissent tous les deux l'importance de la satisfaction du client, de la prévention plus que de l'inspection, de l'amélioration continue, et de la responsabilité de la direction pour ce qui est de la qualité. Par ailleurs, l'approche du coût de la qualité va plus loin que le simple cycle de vie du projet. Le niveau attendu de qualité est souvent associé initialement à un coût, à cause des efforts déployés pour l'atteindre. C'est une analyse qui doit être menée à bien avec précaution par le management du projet et par l'organisation commanditaire, car le coût de la qualité est lié au cycle de vie du produit et non pas uniquement à celui du projet. Améliorer la qualité le plus tôt possible dans le cycle de vie total va généralement diminuer les coûts totaux. C'est pourquoi nous pouvons affirmer: la qualité est gratuite!

8.1   Planifier le management de la qualité

Le processus «planifier le management de la qualité» a pour but de
recueillir les exigences de qualité du projet et de les enregistrer dans le plan
de management de la qualité. Les exigences de qualité demandent d'autant
plus d'argent et de temps – pour atteindre le résultat du projet – qu'elles
sont élevées. Imposer des standards élevés de qualité peut nécessiter une
analyse du risque des impacts sur les plans du projet. C'est pourquoi
planifier le management de la qualité est partie intégrante des processus de
planification du projet.

Capturer les exigences de qualité commence par les références de base
du contenu du projet, des coûts et de l'échéancier issues du plan de
management du projet, afin d'identifier les exigences de qualité et les
contraintes sur les livrables dans le contenu du projet. Dans la mesure où
une organisation a défini ses propres politiques de qualité, il est conseillé
de les référencer dans le plan de management de la qualité. Le registre des
parties prenantes fournira des informations sur les parties prenantes qui
ont un intérêt particulier dans la qualité du projet. La documentation des
exigences est déterminante dans la définition de l'organisation du contrôle
qualité.

Le plan de management de la qualité doit aussi dresser la liste des outils et
des techniques qui seront utilisés dans le management de la qualité. Il existe
sept outils de base de qualité (diagrammes cause-effet, diagrammes de flux,
fiches de contrôle, diagramme de Pareto, histogrammes, diagrammes de
contrôle et diagrammes de corrélation), parmi lesquels figurent:
- le diagramme cause-effet aussi connu comme le diagramme d'Ishikawa
  ou encore le diagramme en arêtes de poisson. Ce type de diagramme est
  utilisé pour trouver la cause fondamentale d'un problème, en analysant
  les causes sous-jacentes à chaque événement qui peut finalement aboutir
  «au problème» (voir la figure 8.2).

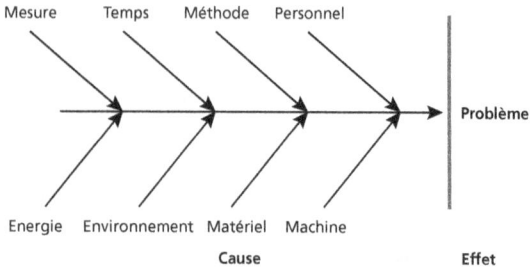

Figure 8.2 Diagramme cause-effet

- le diagramme de contrôle est principalement utilisé pour déterminer la stabilité des processus d'exécution; il utilise les limites supérieures et inférieures spécifiées pour représenter les valeurs maximales et minimales admises.
- le diagramme de Pareto est un type d'histogramme qui ordonne différents types d'erreur en fonction de leur fréquence, afin de se focaliser sur les actions correctives appropriées à apporter au type d'erreur visé. Il repose sur le principe de Pareto aussi connu comme la règle des 80/20, qui se traduit par «80% des erreurs sont provoqués par 20% des causes connues».

D'autres exemples d'outils et de techniques dans ce domaine sont:
- Le coût de la qualité: il consiste à optimiser le coût de la qualité sur le cycle de vie du produit, en investissant dans l'évitement des défaillances et donc en économisant pendant et après le cycle de vie du projet grâce au faible nombre de défaillances.
- L'étalonnage: il consiste à comparer les résultats de projets similaires afin d'établir une base de mesure.
- Le plan d'expérience: c'est une méthode statistique utilisée pour définir le nombre de tests à réaliser et le coût associé.
- L'échantillonnage statistique: il vise à sélectionner un sous-ensemble de livrables pour inspection.

- Il existe encore d'autres méthodologies de management de la qualité telles que Six Sigma ou le management de la qualité totale (TQM).

En résumé, le plan de management de la qualité va décrire comment mettre en œuvre l'assurance qualité et le contrôle qualité du projet. Il contiendra également un plan d'amélioration continue, qui définit les étapes qui permettront, après analyse, d'améliorer les processus de développement du projet et du produit. L'unité de mesure de la qualité est aussi définie ici. Elle décrit les critères à tester pour chaque livrable. Enfin, les listes de contrôle de qualité, incluant les critères d'acceptation, sont créées pour s'assurer que les étapes qualité sont franchies et permettre une évaluation rapide de la qualité requise définie dans la référence de base du contenu du projet.

8.2 Mettre en œuvre l'assurance qualité

L'assurance qualité couvre le processus d'audit qui garantit que les normes et unités de mesure de qualité agréées sont utilisées par les processus de contrôle qualité et que ces processus donnent les résultats attendus. S'il y a des écarts, le processus de mise en œuvre de l'assurance qualité donnera lieu à des demandes de modification pour l'amélioration des processus, afin d'accroître l'efficacité et l'efficience des politiques, des processus et des procédures de la qualité. Cela pourra donner lieu à des mises à jour, non seulement du plan de management de la qualité, mais aussi de la référence de base des coûts et de l'échéancier, en raison des impacts potentiels de l'amélioration des processus sur les coûts et sur l'échéancier du projet, ainsi que sur d'autres documents du projet.

8.3 Mettre en œuvre le contrôle qualité

Le *Guide PMBOK®* définit le contrôle qualité comme «le processus de surveillance et d'enregistrement des résultats de l'exécution des activités liées à la qualité, afin d'évaluer la performance et de recommander les modifications nécessaires».

Le contrôle qualité révèle le manque de qualité des livrables du projet et ses causes, et va donner lieu à des recommandations, afin d'améliorer la qualité partout et à tout moment où cela est possible.

L'exécution du processus de mise en œuvre du contrôle qualité est basée sur le plan de management de la qualité et sur les unités de mesure de «qualité» décrites dans la section 8.1. Le contrôle qualité soumet tous les livrables du projet aux tests définis, connus sous le nom de «mesures de contrôle de la qualité». Le résultat de ces mesures va conduire à des livrables vérifiés, à des reprises de travail ou à des demandes de modification. Une fois les défauts corrigés par l'équipe de projet, les livrables seront à nouveau analysés selon le processus de mise en œuvre du contrôle qualité. Ce cycle doit être répété jusqu'à ce que le livrable atteigne le statut de livrable vérifié, prouvant qu'il a réussi le test.

Le contrôle qualité va révéler des défauts (personne n'est parfait!). À moins que le temps et l'argent nécessaires pour réparer ces défauts aient été prévus dans la référence de base, cette dernière sera modifiée.

L'équipe de management du projet doit avoir une connaissance opérationnelle des sept outils de base susmentionnés, tout comme d'autres techniques utilisées dans le contrôle qualité, telle que l'échantillonnage statistique ou l'inspection.

Chapitre 9
Management des ressources humaines du projet

Le management des ressources humaines du projet vise à obtenir, retenir, diriger et gérer des personnes participant au projet. Ces personnes sont appelées le «personnel du projet» ou «l'équipe du projet». Disposer de l'équipe de projet dès le début est très bénéfique, puisque son expertise sera utilisée pendant la planification, ce qui renforcera l'engagement de l'équipe dans le projet.

Le nombre de membres de l'équipe peut changer tout au long du projet; cela dépend des tâches et du travail à faire. Tandis que le personnel du projet est nécessaire en raison de son expertise sur le contenu du projet, l'expertise du chef de projet consiste à distribuer les rôles et les responsabilités et à jouer un rôle dans l'équipe pour ce qui est des problèmes de communication, de politique et d'organisation. En outre, le personnel de l'équipe peut être augmenté pour apporter un soutien spécifique au management de projet, comme par exemple, l'expertise en matière de planification, de gestion des risques ou du soutien administratif.

Il est nécessaire de distinguer l'équipe de projet de l'équipe de management de projet. Cette dernière est généralement un sous-ensemble de l'équipe de projet, qui se consacre aux activités typiques de management de projet. L'équipe de projet est constituée par la somme de toutes les personnes travaillant sur le projet. Il pourrait y avoir un programmeur affecté à 100% à un projet IT stratégique. S'il ne participe pas à des activités de management de projet, le programmeur n'est pas considéré comme faisant partie de l'équipe de management de projet, mais plutôt de l'équipe de projet.

Le domaine de connaissances de management des ressources humaines du projet couvre quatre processus:

1. planifier le management des ressources humaines,
2. constituer l'équipe de projet,
3. développer l'équipe de projet,
4. diriger l'équipe de projet.

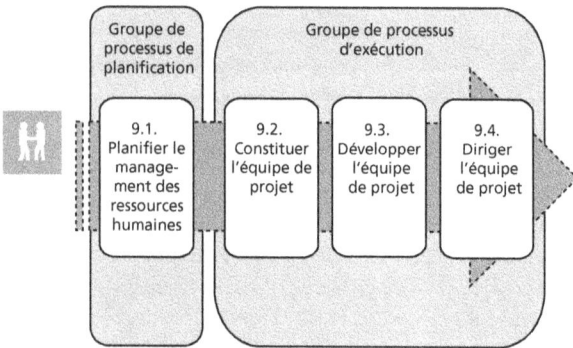

Figure 9.1 Aperçu des processus de gestion des ressources humaines

9.1 Planifier le management des ressources humaines

Ce processus aboutit à un plan de management des ressources humaines. Ce plan explicite comment, quand et avec qui le projet doit être pourvu. La description des compétences requises pour accomplir les activités identifiées est un préalable nécessaire au développement de ce plan. Pour que le plan soit approprié, les activités doivent être connues et décrites à l'avance.

Le Plan de management des ressources humaines définit les éléments suivants, en fonction de la taille du projet et de la complexité du produit ou des parties concernées:

- les rôles et responsabilités permanentes,
- les compétences requises,
- l'organigramme du projet,
- le calendrier d'acquisition et de libération du personnel,
- les besoins en formation (si nécessaire) et les stratégies de construction d'équipe,
- et plusieurs autres éléments spécifiques à l'industrie, comme les règles de sécurité ou les questions culturelles.

Une attention particulière devrait être portée à des ressources rares telles que des experts techniques ou d'autres ressources humaines dont le nombre est limité. Il n'est pas seulement nécessaire de signaler le besoin d'avoir Jean Dupont, expert ultime d'une certaine technologie, en Juin de l'année prochaine, mais aussi de prévoir le fait que Jean pourrait ne pas être disponible pour plusieurs raisons. Ceci pourrait être une préoccupation commune avec le management des risques. Toutefois, le plan des ressources humaines devrait proposer des options pour faire face à cette situation.

Un des outils classiques pour documenter les rôles et les responsabilités est la RAM, acronyme pour Responsability Assignment Matrix (en français: «matrice d'attribution des responsabilités»). Elle est utilisée pour attribuer des responsabilités par rapport au travail du projet. Cela peut être fait par un simple marqueur qui indique qui est responsable de quoi, ou en utilisant un format fondé sur les rôles, comme RACI. RACI est un acronyme formé par les initiales de: *Responsible* – fait le travail; *Accountable* – responsable final; *Consult* – apporte une contribution; et *Inform* – doit être informé. Ceux-ci sont utilisés pour indiquer qui, dans l'équipe, a une fonction spécifique sur quelle activité, sur quel lot de travail ou livrable.

Une partie du plan des ressources humaines est la finalisation du plan de management des effectifs. Encore une fois, cela dépend du projet, de ses parties prenantes, de l'environnement organisationnel et de comment ce plan de management des effectifs doit être développé. Cependant, et en particulier dans le cas d'un projet décentralisé, multiculturel, matriciel ou volatil en ce qui concerne la disponibilité d'experts, il pourrait être utile d'avoir une vision claire de la façon de rassembler le personnel, de traiter avec lui et, surtout, de les libérer à la fin du projet.

	Peter	Paul	Mary	John
Activité 1	R	A	C	I
Activité 2			R	A
Activité 3	R	A		
Activité 4		A	R	I
Activité 5	R		C	A
Activité 6			R	A

Figure 9.2 Exemple de matrice RACI

9.2 Constituer l'équipe de projet

Constituer l'équipe de projet est le processus qui consiste à rassembler physiquement les membres de l'équipe de projet. Ce n'est pas le processus de planification, c'est le processus qui consiste à «faire» ou à exécuter la planification des ressources humaines.

Il existe plusieurs techniques pour constituer l'équipe de projet. Les ressources sont soit pré-affectées, à la suite d'une sélection effectuée au préalable, ou bien c'est le chef de projet qui doit les négocier avec les responsables fonctionnels. Très souvent, les responsables fonctionnels ont déjà donné leur accord pour la mise à disposition des ressources pour le projet, et il suffit de leur rappeler leur engagement. Ce n'est pas le seul domaine où les chefs de projet doivent prouver qu'ils disposent de solides compétences de négociation et de communication. Même si l'allocation est inscrite et confirmée dans un plan de management des ressources humaines ou dans le plan de management des effectifs, l'environnement change souvent et la situation des parties prenantes peut varier. Insister sur l'exécution d'un document signé auparavant peut ne pas être d'un grand secours pour les différentes parties.

Si aucun membre du personnel interne n'est disponible pour l'ensemble des compétences nécessaires, les membres de l'équipe de projet doivent être recrutés à l'extérieur. Que le chef de projet soit autorisé ou non à conduire le processus d'obtention des ressources, cela doit être défini dans le plan de management des ressources humaines.

Les équipes virtuelles constituent une approche relativement nouvelle pour ce qui est de la formation d'équipes de projet. Grâce aux nouvelles possibilités offertes par la communication à distance, une équipe de projet peut être constituée d'un groupe de personnes qui se réunissent rarement ou jamais en face-à-face. Cependant, une attention particulière doit être accordée à la communication efficace pour s'assurer que les membres de l'équipe sont bien coordonnés.

9.3   Développer l'équipe de projet

Ce processus vise à améliorer les compétences et l'interaction entre l'équipe et son environnement général. C'est le processus de transformation d'un groupe de personnes en une équipe, puisque le véritable travail d'équipe est un facteur essentiel pour la réussite du projet. La nécessité de développer une équipe de projet efficace est une des principales responsabilités du chef de projet. La réussite d'une équipe est assurée par:

- l'utilisation d'une communication ouverte et efficace,
- le développement de la confiance entre les membres de l'équipe,
- la gestion des conflits de manière constructive,
- l'encouragement à la résolution des problèmes et à la collaboration dans la prise de décisions.

La performance de l'équipe peut être mesurée par des évaluations de l'équipe. Elles peuvent révéler des corrélations intéressantes entre la réalisation des résultats du projet d'une part, et la performance de l'équipe en termes de conflits, de leadership, d'ouverture, de confiance, d'autre part.

Un chef de projet ne doit pas hésiter à mener une évaluation de la performance de l'équipe tout au long du cycle de vie du projet.

Une équipe hautement performante est caractérisée par la réalisation des objectifs orientés vers les résultats. Pour améliorer les performances de l'équipe, il peut être nécessaire de recourir à des formations spécifiques, à des entraîneurs et des mentors.

En conséquence, non seulement les résultats du projet peuvent être atteints plus facilement, mais aussi des retombées positives peuvent avoir lieu, comme par exemple:

- l'amélioration des compétences conduisant à une plus grande efficacité,
- l'amélioration des compétences de l'équipe pour qu'elle soit plus performante,
- la baisse du taux de rotation du personnel,
- une meilleure cohésion de l'équipe.

Une technique clé pour améliorer la performance de l'équipe est la compréhension des phases de son développement. C'est une approche classique qui a été décrite par Bruce Tuckman. Chaque équipe passe par un certain nombre de stades et chaque stade est lié à une meilleure ou plus mauvaise performance de l'équipe. Le parcours de ces stades n'est pas une route à sens unique, une équipe peut rester bloquée à un stade ou peut retourner en arrière vers un stade antérieur. Cependant, les équipes bien rodées ont tendance à brûler des étapes (ou au moins à pallier rapidement les inconvénients de certaines étapes).

Tuckman définit cinq étapes:

1. **la formation**: l'équipe se réunit et prend connaissance de son rôle et de ses responsabilités. Il y a, habituellement, un grand respect dans le groupe, une grande distance de sécurité, mais l'équipe n'est pas encore très performante.

2. **la turbulence**: la distance de sécurité se réduit entre les membres de l'équipe initiale. Les raisons à cela sont multiples, mais c'est dû généralement à la différence entre les personnalités, les compétences et les expériences. En conséquence, le rendement de l'équipe diminue et des conflits peuvent faire surface.

3. **la normalisation**: les personnalités et les habitudes de travail sont adaptées. Les règles de base sont établies ou précisées. Les membres de l'équipe commencent à se faire mutuellement confiance. Si «la normalisation» n'a pas lieu correctement, la phase de «turbulence», mal résolue, peut contaminer toute l'équipe.

4. **la performance**: le travail se fait en douceur et efficacement. La performance de l'équipe est à son niveau optimal. Toute équipe voudrait être dans cette phase mais il n'est pas possible d'y arriver sans passer par les phases précédentes.

5. **la dissolution**: le travail est terminé et l'équipe se disloque.

Une attention particulière doit être accordée à la courbe «turbulence – normalisation». Il y a un certain nombre d'expériences documentées qui montrent que le passage direct vers la phase de «performance» est presque impossible. Les équipes efficaces passent aussi par les phases «turbulence – normalisation» mais beaucoup plus rapidement. La question, donc, n'est pas de chercher à éviter la phase de turbulence, mais plutôt de voir quand peut-on commencer la phase de normalisation.

9.4   Diriger l'équipe de projet

Une fois l'équipe constituée et le travail d'équipe à l'œuvre, elle doit être gérée en termes de performance et de résolution des problèmes. Ce processus nécessite une variété de compétences générales de management. Une attention particulière doit être portée à la communication, à la gestion des conflits, à la négociation et au leadership, ainsi qu'à l'affectation du personnel du projet à des missions difficiles et à l'expression de la reconnaissance envers le personnel, lorsqu'il atteint les résultats souhaités.

Le résultat de ce processus est une équipe bien gérée, en dépit des avatars du projet.

Les techniques typiques de management des équipes de projet sont décrites ci-dessous:

- L'observation et la discussion – personne ne peut gérer une équipe sans travailler en étroite collaboration avec elle. Cela ne signifie pas nécessairement être physiquement proche. Les membres d'une équipe qui travaillent à distance peuvent également être étroitement liés aux travaux du projet.
- L'évaluation de la performance, qui aide à identifier les problèmes inconnus ou non résolus.
- La gestion des conflits – le conflit est inévitable dans un environnement de projet. La question n'est pas «Comment éviter les conflits?» mais plutôt «Comment gérer les conflits correctement?». Meilleure est la technique de résolution de conflit, meilleurs sont les résultats attendus du projet. Les conflits doivent être abordés avec différentes

techniques dont chacune a sa place et son utilité, en fonction de la situation, de la culture, des circonstances et des objectifs. Les techniques couramment utilisées comprennent: le retrait/évitement, l'acceptation/accommodement, le compromis/conciliation, la force/compétition, la collaboration/résolution des problèmes.

- Les compétences interpersonnelles sont nécessaires pour analyser les situations et interagir de manière appropriée. Il existe un large éventail de compétences interpersonnelles nécessaires pour diriger l'équipe de projet. Une utilisation appropriée de ces compétences permet au chef de projet d'atteindre les objectifs et les buts du projet:
  - le leadership,
  - le team-building,
  - la motivation,
  - la communication,
  - l'influence,
  - la prise de décision,
  - la compréhension politique et culturelle,
  - la négociation.

En conclusion, l'application bien structurée des processus de management des ressources humaines permet au chef de projet de s'assurer que les personnes adéquates sont réunies dans l'équipe. L'étape suivante consiste à mener l'équipe avec succès à un niveau où le chef de projet ne joue qu'un rôle de facilitateur, puisque les gens travaillent ensemble dans un bon esprit et montrent une excellente performance d'équipe. Ne jamais oublier: le travail dans un projet n'est pas un travail de routine; il demande l'engagement et le dynamisme des personnes qui y travaillent!

Du point de vue de la direction

Les directions exécutives et opérationnelles jouent, en permanence, un rôle important afin d'équilibrer les besoins des projets et les besoins de l'organisation opérationnelle en matière de ressources et de définition claire des priorités. Le fait de considérer les travaux de projet comme étant «à côté de mon vrai travail» et de le faire «quand nous avons le temps» diminue rapidement l'engagement des membres de l'équipe de projet et aboutissent à l'incapacité à prévoir la disponibilité des ressources.

Du point de vue du chef de projet

Les chefs de projet, ainsi que les membres de l'équipe de projet, doivent renforcer la communication sur les engagements pris et les résultats livrés en conséquence. Les défis seront là, plus que dans une organisation hiérarchique, car il y a beaucoup plus d'incertitude dans les projets. Pointer les problèmes du doigt ne suffira pas à les résoudre. La coopération et la concentration collective sur la recherche des solutions est une attitude essentielle pour les équipes qui s'efforcent de démontrer de façon cohérente les meilleures performances.

Chapitre 10
Le management des communications du projet

Une communication efficace améliore les chances de succès du projet par l'établissement de relations entre les parties prenantes qui peuvent être exploitées pour créer des coalitions et des partenariats. Elle crée des ponts entre les diverses parties prenantes d'un projet et relie différents milieux culturels et organisationnels, différents niveaux d'expertise, divers points de vue et intérêts lors de l'exécution du projet. Les chefs de projet passent le plus clair de leur temps à communiquer, à faciliter et à assurer la communication entre les parties prenantes. Cela commence dès le premier jour du projet.

Le management des communications du projet définit les processus clés nécessaires pour assurer en temps opportun l'échange des informations appropriées sur le projet.

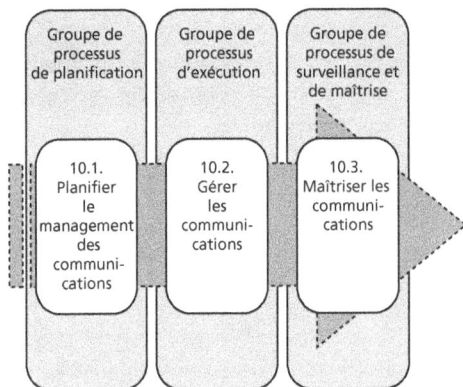

Groupe de processus de planification	Groupe de processus d'exécution	Groupe de processus de surveillance et de maîtrise
10.1. Planifier le management des communications	10.2. Gérer les communications	10.3. Maîtriser les communications

Figure 10.1 Aperçu des processus de management des communications

Le domaine de management des communications du projet englobe trois processus:

1. planifier le management des communications,
2. gérer les communications,
3. maîtriser les communications.

10.1 Planifier le management des Communications

Qui a besoin de quel genre d'information? Quand est-ce qu'il en aura besoin? Comment sera-t-elle donnée et par qui? Les réponses à toutes ces questions se trouvent dans le plan de management de la communication, qui est le résultat de cette étape du processus.

Il ne suffit pas d'envoyer un rapport mensuel dans le format standard. La communication doit être planifiée et convenue, selon les besoins des différentes parties prenantes. Dans le cas où le directeur financier d'une entreprise est l'une des principales parties prenantes du projet, peut-être à la suite des difficultés liées au financement d'un projet, il appréciera d'avoir un rapport contenant des informations financières précises et concises. Ce rapport peut être totalement différent du rapport destiné au département d'ingénierie, qui est moins intéressé par les données financières, mais plutôt par les changements dans la spécification du produit.

Un plan de management de la communication définit:

- les exigences en matière de communication des différentes parties prenantes,
- l'information à diffuser, y compris la langue, le format, le contenu et le niveau de détail,
- les périodes et la fréquence,
- la personne responsable,

- les méthodes utilisées pour transmettre les renseignements, par exemple le mémo, le courriel ou le communiqué de presse,
- la définition des processus propres à l'organisation, pour des éléments tels qu'un processus d'escalade, la méthode de mise à jour, le diagramme de flux d'information, les lignes directrices et les modèles pour les réunions sur l'état d'avancement du projet, etc.

Un projet de réfection d'une centrale nucléaire aura évidemment différentes parties prenantes et des besoins de communication différents de ceux d'un projet de mise à jour d'une version d'un logiciel, mais le plan de communication reste l'outil indispensable pour fournir une stratégie claire pour la communication sur chaque projet. Les facteurs qui peuvent affecter la communication du projet incluent:

- l'urgence du besoin en information,
- la disponibilité de la technologie,
- la connaissance des outils de communication de l'équipe projet,
- la durée du projet,
- les facteurs environnementaux tels que les équipes virtuelles.

Un principe de base de la communication est le modèle appelé «émetteur-récepteur». L'information est envoyée et reçue entre deux parties, l'une d'elles étant l'émetteur et l'autre le récepteur. Les informations de l'émetteur vers le récepteur sont codées (les réflexions et/ou les idées sont traduites dans un langage), ayant pour résultat un message. Le message résultant de l'encodage est envoyé à l'autre partie en utilisant un canal (le procédé utilisé pour transmettre le message). Le récepteur décode le message en le traduisant en pensées utiles, voir la figure 10.2.

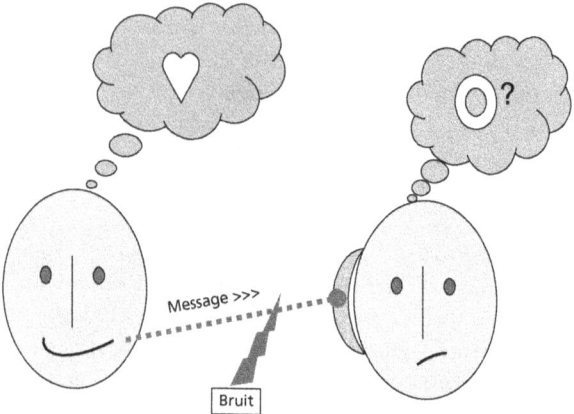

Figure 10.2 Le modèle émetteur-récepteur

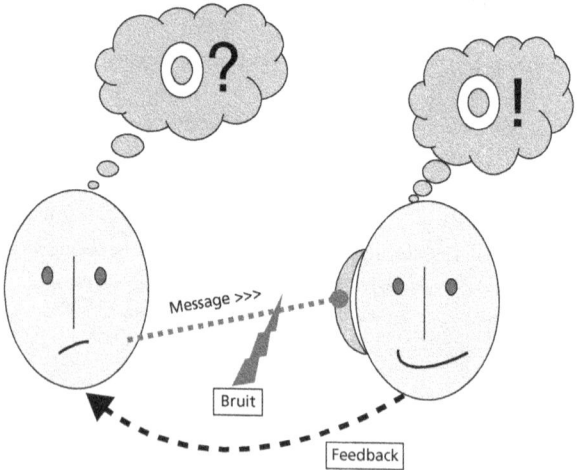

Figure 10.3 Le Retour d'information comme partie du processus de communication

Sur le parcours depuis le codage, la livraison du message et le décodage, une perturbation ou un bruit peut se produire. Ce bruit n'est pas seulement limité à la remise d'un message physique, mais peut aussi se produire durant le codage ou le décodage, en raison de différents algorithmes de codage/décodage. Le codage et le décodage peuvent être influencés, par exemple, par la culture, l'éducation, la langue et le milieu social.

Dans le cadre du processus de communication, l'émetteur est responsable de l'envoi d'un message clair et complet et de la confirmation qu'il est bien compris (le retour d'information). Le récepteur est responsable de s'assurer que l'information est complètement reçue, qu'elle est bien comprise et bien reconnue (le retour d'information encore).

10.2 Gérer les Communications

Comme la communication a été planifiée dans l'étape précédente, ce processus concerne la distribution de l'information appropriée aux différentes parties prenantes. Il ne s'agit pas seulement de mettre en œuvre le plan de communication et les besoins en communication décrits dans l'analyse des parties prenantes, mais aussi de pouvoir répondre à des demandes d'information imprévues.

Il existe une vaste gamme d'outils permettant de diffuser des informations, tels que la communication électronique (par exemple: l'e-mail, le fax, la messagerie vocale, le téléphone, la vidéo, la web conférence) suivie de la distribution de documents imprimés (par exemple les communiqués de presse) et enfin des solutions et des outils spécialisés pour le management de projet (par exemple les interfaces web des logiciels de management de projet, les logiciels de support en ligne, les portails et les outils de gestion de travail coopératif).

La diffusion de l'information ne se limite pas seulement à l'envoi d'information. L'information peut également être diffusée par des présentations et cela, en utilisant des techniques considérées comme utiles pour la distribution de l'information. Une attention similaire doit, également, être accordée au style d'écriture professionnelle, aux techniques augmentant l'efficacité des réunions, et aux choix appropriés des moyens de communication.

L'information diffusée peut être classée, en gros, en six types:
- des notifications des parties prenantes sur les problèmes résolus, les modifications approuvées et l'état général du projet,
- des rapports sur le projet, formels ou informels,
- des présentations de projet à différents groupes de parties prenantes, qui peuvent être de longueur et de complexité variables,
- des dossiers de projet, allant des notes de service, à la correspondance et aux comptes rendus des réunions, à la documentation du progrès du projet, aux enregistrements de bases de décisions (y compris juridiques),
- les réactions des parties prenantes visant à améliorer les performances,
- la documentation des leçons apprises, qui fera partie de la base de données historiques et aidera à améliorer les performances futures.

Une forme particulière de communication est celle des rapports de performance, qui consiste généralement en un rapport d'état simple qui emploie des «clignotants» pour montrer les éventuelles divergences. Des rapports plus élaborés peuvent inclure:
- des tableaux de bord de la situation dans chaque domaine,
- des cartes de performance mono-page,
- l'analyse des performances passées,
- l'état actuel des risques et des problèmes,
- le travail achevé et le pourcentage réalisé,
- le résumé des modifications et des statistiques,
- toute autre information pertinente devant être signalée.

Un rapport d'état complet prend en compte le passé («Comment étions-nous?»), le présent («Quelle est notre situation actuelle?») et le futur («Voici notre prévision pour les objectifs»). Une attention particulière est nécessaire afin de prendre en compte les préférences des parties prenantes et de décider lequel des trois éléments est le plus important.

10.3 Maîtriser les Communications

Une fois les communications planifiées et diffusées, tous les éléments relatifs aux communications doivent être contrôlés afin de s'assurer que les besoins en information des parties prenantes du projet sont satisfaits. Le principal avantage de cette étape, est qu'elle assure un flux d'information optimal.

Chapitre 11
Le management des risques du projet

Les projets sont par définition des entreprises «risquées», ce qui implique la gestion de situations imprévues. Pour éviter que chaque projet ne devienne un «jeu de hasard», le management des risques du projet nous aide à maîtriser les incertitudes. Les risques du projet sont des incertitudes futures qui peuvent affecter les résultats du projet – dans les deux directions, c'est à dire pour le meilleur ou pour le pire. Les risques du projet ne sont pas les risques d'affaires, ou des risques liés à l'entreprise réalisatrice. Un projet peut créer de tels risques mais ils sont alors gérés dans une perspective différente.

Les risques sont des incertitudes qui ont de l'importance. C'est le rôle du chef de projet de s'en occuper, de les identifier, d'analyser leurs impacts, de fournir des réponses, et de surveiller et maîtriser leurs effets.

Si l'équipe de projet néglige le management des risques, elle sera sans cesse confrontée d'une part à des problèmes et d'autre part à des opportunités manquées. Le management des risques consiste à essayer de minimiser l'impact des menaces potentielles sur les résultats du projet, ce qui correspond généralement à tout ce qui peut faire que le projet soit en retard, plus cher ou livré avec une qualité moindre. De même, le management des risques tente de maximiser l'impact d'opportunités potentielles, des facteurs qui contribuent à atteindre les résultats du projet plus rapidement, à moindre coût et avec une qualité meilleure. Celles-ci doivent être activement encouragées et soutenues.

Le domaine de connaissance «management des risques du projet» comporte six processus:

1. planifier le management des risques,
2. identifier les risques,
3. mettre en œuvre l'analyse qualitative des risques,
4. mettre en œuvre l'analyse quantitative des risques,
5. planifier les réponses aux risques,
6. maîtriser les risques.

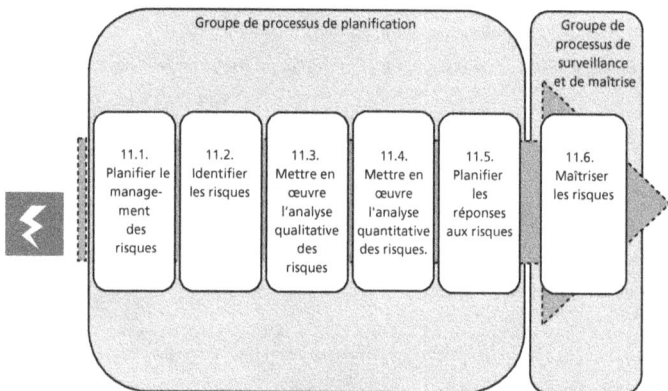

Figure 11.1 Aperçu des processus de management des risques

Les processus de management des risques sont inutiles s'ils ne sont effectués qu'une seule fois, par exemple, au début du projet. Une évaluation permanente est nécessaire pour récolter tous les avantages de la gestion des risques.

11.1 Planifier le management des risques

Dans ce processus un plan de management des risques est créé. Vous n'y trouverez pas l'analyse d'un risque particulier, car ce plan décrit la façon dont l'équipe de projet effectuera le management des risques pour le projet considéré. C'est un plan clair et sans équivoque définissant tous les détails, les outils, les techniques, les préférences des parties prenantes liés aux risques dans un environnement de projet particulier. Si une méthode détaillée est en place, le plan de management des risques peut être de très petite taille – définissant seulement les particularités du projet («Nous nous réunissons tous les mercredis au 3e étage; salle 345»). Si la méthode mise en œuvre par l'organisation réalisatrice est moins mature, le plan de management des risques tend à devenir plus important en taille et en volume.

Les éléments suivants doivent être définis:
- la méthode – quelle approche, quels outils et données seront adoptés pour effectuer le management des risques?
- les rôles et responsabilités – qui fera quoi dans le management des risques? Ce sont des définitions importantes qui doivent être élaborées dès le départ. Lors de la gestion des situations de crise ou à haut risque, les rôles et les responsabilités doivent être limpides.
- la budgétisation – comment les risques sont budgétisés tout au long du projet? Y a-t-il une approche différente de budgétisation en place pour les risques quantifiés, les risques qualifiés et les risques inconnus? Quelle est l'incidence budgétaire des provisions pour aléas?
- le calendrier – avec quelle fréquence sera exécuté le cycle du processus des risques au cours du projet, et comment les activités de management des risques sont-elles incorporées à l'échéancier global du projet?
- les catégories de risques – avons-nous des catégories de risques prédéfinies, c'est-à-dire des sources de risques qui peuvent être liées aux risques identifiés ou même aider à les identifier? À cet égard,

une structure de découpage des risques (en anglais: Risk Breakdown Structure, RBS[1]) peut constituer un outil performant. Mais ce n'est qu'une structure de sources de risque potentielles. Les risques pour le projet n'y sont pas incorporés.

- des définitions de la probabilité de l'impact des risques – cette partie s'assure que toutes les parties prenantes du projet ont une compréhension commune de ce que l'on entend par la description spécifique d'un risque. Par exemple, si un risque est qualifié de «moyen», sans aucune définition préalable, il pourrait bien y avoir dix significations différentes pour les dix membres de l'équipe.
- la matrice de probabilité et d'impact – comment illustrons-nous l'exposition du projet aux risques et quel format aura la matrice utilisée?
- les tolérances révisées des parties prenantes – s'il est nécessaire de réviser la tolérance aux risques des parties prenantes, alors le plan de management des risques est le bon endroit pour la documenter.

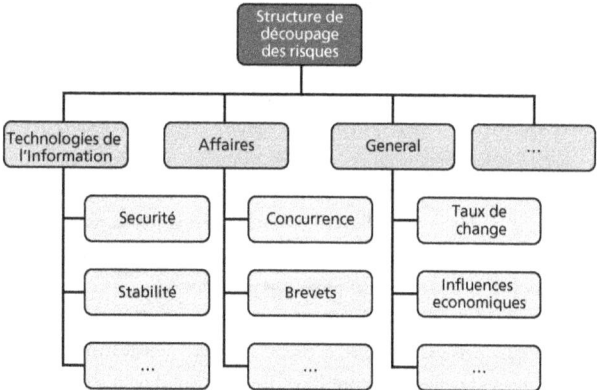

Figure 11.2 Exemple d'une structure de découpage des risques (RBS)

---

1   NdT: l'acronyme anglais sera utilisé dans le présent document

- les formats des rapports – comment pouvons-nous rédiger des rapports sur la situation des risques et quel format sera utilisé?
- le suivi – documenter comment les activités de management des risques seront enregistrées au bénéfice du projet en cours.

11.2 Identifier les risques

C'est le processus utilisé pour déterminer quels risques peuvent influencer les objectifs du projet. Cette étape traite simplement de l'identification des risques, c'est-à-dire de trouver le risque, de le définir et décrire son impact au cas où il se produirait. Les résultats sont consignés à l'aide d'un outil appelé le «registre des risques».

À la fin du processus, un nouveau registre des risques ou un registre des risques mis à jour est disponible. Toutefois, l'équipe de projet doit se concentrer sur la description correcte des risques, à l'aide d'une syntaxe correcte. Il est totalement absurde de répondre à des risques qui ne sont pas décrits correctement.

Rappel: les risques sont des incertitudes liées aux résultats du projet. S'il n'y a aucun effet sur les objectifs du projet – alors il n'y a pas de risque!

Exemple:

Que diriez-vous de cette entrée dans le registre des risques: la circulation routière est un risque»? C'est faux, car la circulation routière n'est pas un risque en soi. Toutefois, il pourrait devenir la source d'un certain type de risque. La syntaxe correcte pourrait être comme suit:

«En raison de la circulation routière chargée en matinée (fait), il est probable que je sois bloqué dans un embouteillage et que je manque l'avion, le résultat étant que je n'aurai pas l'occasion de montrer le nouveau

> modèle XYZ au client (incertitude) et, en conséquence, je ne serai pas
> en mesure d'atteindre mes objectifs de ventes (impact sur les objectifs)».
> Si les risques sont correctement décrits, nous commençons à avoir une
> possibilité de les gérer.

L'identification des risques repose sur des documents du projet, sur
l'expérience du passé et sur la technologie utilisée. Il est essentiel de ne pas
se limiter aux risques techniques (produit), mais il faut aussi prendre en
compte les risques des processus (projet).

L'identification elle-même peut se faire par le biais de différentes techniques:
- remue-méninges – l'approche la plus courante lorsqu'il s'agit de la
  collecte des risques,
- technique Delphi – à la différence des remue-méninges, des experts
  sont interrogés indépendamment et de manière anonyme lors de
  diverses itérations. La technique Delphi permet d'éviter les influences
  personnelles,
- interviewer (demandez aux experts!),
- analyse des causes fondamentales – une technique utilisée pour
  développer des mesures préventives à un problème connu.

L'outil le plus courant pour créer un registre des risques est un logiciel de
type tableur, comme Microsoft Excel ou quelque chose de similaire. Un
avantage de cette solution est que toutes les activités ultérieures peuvent
être stockées dans la même feuille de calcul.

11.3 Mettre en œuvre l'analyse qualitative des risques

Une analyse qualitative est une évaluation des risques identifiés
afin d'effectuer ultérieurement une analyse plus approfondie et une
hiérarchisation rapide. Elle peut être faite assez rapidement et fournit une

bonne vue d'ensemble du portefeuille des risques et de l'exposition aux risques. Combiner la probabilité d'occurrence et l'impact sur les objectifs crée une matrice qui est connue sous le nom de «matrice de probabilité et d'impact».

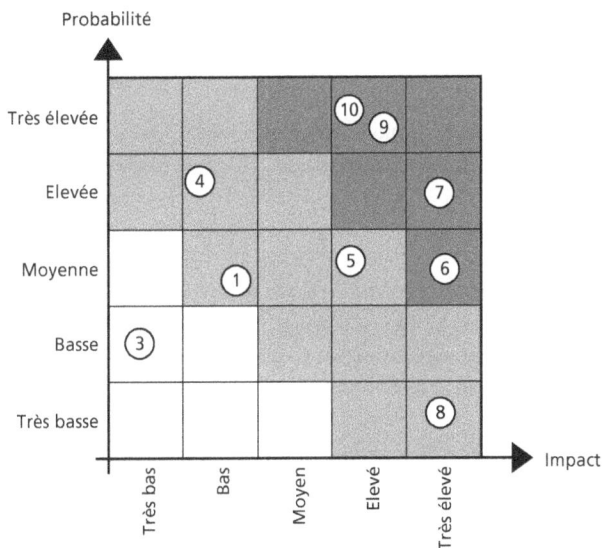

Figure 11.3 Exemple de matrice de probabilité et d'impact

La Figure 11.3 montre un exemple de matrice. Elle peut être utilisée aussi bien pour les menaces (risques) que pour les opportunités (risques positifs).

Le gros avantage de cette étape du processus est qu'elle peut être exécutée très rapidement. L'inconvénient cependant, est que personne ne sait quelle est la réelle proportion de ce qui est «petit», ou ce qu'est l'impact réel de quelque chose qui est qualifié «d'élevé».

En conséquence, avant d'effectuer cette analyse, l'équipe doit définir certains seuils, par exemple un grand impact sur les délais signifie «une durée supérieure à un mois».

Ne pas confondre «l'analyse qualitative du risque» avec les risques sur la qualité. Ce sont deux choses distinctes, indépendantes l'une de l'autre.

11.4 Mettre en œuvre l'analyse quantitative des risques

À cette étape, certains risques (habituellement les plus «grands», positifs ou négatifs) seront analysés numériquement.

Par exemple, au lieu de qualifier la probabilité de «faible» et l'impact «d'élevé», ce processus essaye d'aboutir à des valeurs chiffrées telles que la probabilité est de 5% et l'impact est de $34 000. Déterminer ou essayer de déterminer les valeurs exactes est beaucoup plus précis, mais implique beaucoup d'efforts. Le temps et le budget disponibles, ainsi que le besoin de valeurs quantitatives, détermineront dans quelle mesure une analyse quantitative est exécutée.

Les techniques pour effectuer l'analyse quantitative des risques sont les suivantes:

- Entretiens et remue-méninges – la plus grande source de données quantitatives en utilisant simplement du papier et un crayon, des informations historiques et l'expérience passée des experts dans le domaine concerné.
- Distribution de probabilités – les distributions continues sont largement utilisées en modélisation et en simulation, pour représenter l'incertitude des valeurs telles que la durée des activités de planification et les coûts des composantes du projet.
- Analyse de sensibilité – cherche à déterminer l'influence d'une variable dans un environnement à plusieurs variables.

- Analyse de la valeur monétaire attendue – une technique qui combine différentes valeurs et différentes probabilités en une valeur monétaire attendue. Si vous achetez un billet de loterie pour $10 et que votre probabilité de gagner le premier prix de $1 000 est de 5%, la valeur monétaire attendue est de 5%*$1 000 = $50, moins l'investissement de $10 = $40. La valeur monétaire attendue est artificielle, puisque vous gagnez $1 000, ou rien. Mais elle est très utile pour déterminer une valeur en s'appuyant sur les probabilités.
- La simulation de Monte Carlo est la meilleure façon de déterminer les incertitudes de l'échéancier et l'influence des distributions de probabilités sur l'échéancier du projet.

11.5 Planifier les réponses aux risques

Après avoir identifié et analysé les risques, il est temps de déterminer une stratégie sur la façon de gérer les risques relevés dans le registre des risques. Les réponses aux risques sont les mesures qui seront prises à l'avance afin de pouvoir traiter les risques en conséquence.

Il y a quatre réponses possibles face aux menaces et aux opportunités. Commençons par les menaces:
- éviter – faire en sorte que la probabilité ou l'impact soit égal à zéro. Si la probabilité peut être amenée à zéro, le risque ne se produira jamais, alors que si l'impact peut être rendu nul, le risque peut se produire mais n'aura pas d'impact sur les objectifs. Souvent utilisé lorsque la probabilité et l'impact sont élevés.
- atténuer – la probabilité ou l'impact diminue, mais n'est pas égal à zéro. Même si sa probabilité est plus faible, le risque existe toujours.
- transférer – le risque est transféré à un tiers.
- accepter – le risque est identifié, analysé et accepté, c'est-à-dire rien ne sera fait pour en diminuer la probabilité ou l'impact.

Les stratégies pour les opportunités sont les suivantes:
- exploiter – si l'organisation veut que l'opportunité se réalise,
- partager – comme pour «transférer», la responsabilité du risque est donnée à un tiers qui est mieux placé pour saisir l'opportunité ou l'avantage,
- améliorer – augmenter la probabilité ou l'impact,
- accepter – l'opportunité est identifiée, analysée et acceptée, c'est-à-dire rien ne sera fait pour augmenter la probabilité ou l'impact.

11.6   Maîtriser les risques

L'étape finale du processus dans cette chaîne est en réalité le «management des risques». Toutes les étapes de planification précédant la surveillance et la maîtrise des risques sont nécessaires avant de commencer vraiment à travailler sur le management des risques.

Les plans de réponses aux risques sont mis en œuvre, les risques identifiés seront suivis; les risques résiduels, surveillés; les nouveaux risques identifiés et le processus du management des risques lui-même seront pris en considération et peut être le management sera amélioré. En outre, dans cette étape du processus, des stratégies alternatives sont choisies, des plans de contingences ou de repli sont exécutés, des mesures correctives sont prises et le plan de management de projet est modifié.

Chapitre 12
Le management des approvisionnements du projet

La plupart des projets nécessitent des produits, des services ou des ressources extérieures à l'équipe de projet, qu'il faut donc acheter. Compte tenu des tendances à l'externalisation visant à garantir des coûts plus compétitifs, ainsi que de la complexité croissante des projets qui se traduit par une contribution plus fréquente des spécialistes «non disponibles en interne», fournisseurs et partenaires ont un rôle croissant. On peut conclure rapidement qu'un contrat à prix fixe, très simple, n'est pas le meilleur point de départ lorsqu'il s'agit d'arrangements complexes où le contenu du contrat est mis au point alors même que le projet avance et que la créativité du fournisseur est nécessaire pour obtenir le meilleur résultat dans un délai déterminé, avec un budget et d'autres contraintes donnés.

Pour traiter efficacement ces situations, il convient d'appliquer le management des approvisionnements du projet, qui se compose de quatre processus:

1. planifier le management des approvisionnements: c'est enregistrer les décisions d'achat, identifier l'approche et les vendeurs potentiels,
2. procéder aux approvisionnements: c'est évaluer les réponses du vendeur, sélectionner un vendeur et signer le contrat,
3. maîtriser les approvisionnements: c'est gérer la relation avec le vendeur, surveiller l'exécution du contrat par le vendeur et faire des ajustements si nécessaire,
4. clore les approvisionnements: c'est achever le cycle de vie du contrat pour chacun des approvisionnements du projet.

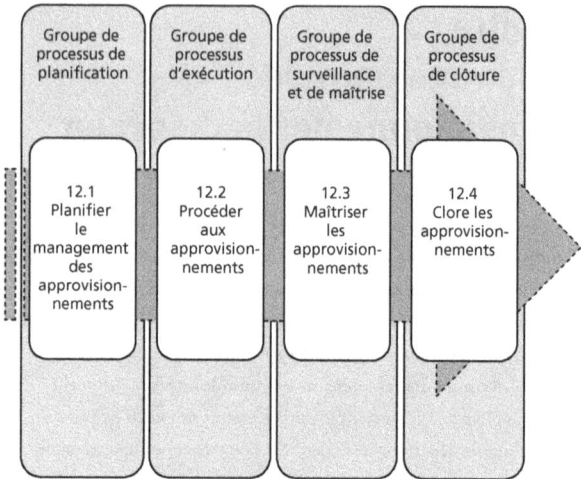

Figure 12.1 Aperçu des processus du management des approvisionnements

Étant donné que l'achat d'un produit ou d'un service implique toujours un accord à caractère juridique entre l'acheteur et le vendeur, il est préférable de recourir à un contrat formel.

La plupart des organisations auront des politiques et des procédures d'approvisionnement qui définissent les règles à suivre si vous avez besoin d'acheter un service ou un produit à un tiers. Dans de nombreux cas, vous aurez besoin d'impliquer les acheteurs (ou le service «achat») de l'organisation pour vous assurer que le processus d'approvisionnement est exécuté de manière professionnelle et conforme aux processus et aux politiques de l'organisation.

Le processus d'approvisionnement gère en fait le cycle de vie du contrat. La décision d'acheter le résultat ou une partie du résultat du projet, au lieu de le faire réaliser par l'équipe de projet, peut être conditionnée par une évaluation des risques, par une contrainte budgétaire ou par une contrainte de temps. Si, par exemple, la réalisation d'une partie du résultat du projet est considérée comme risquée, alors acheter cette partie précisément pourrait atténuer le risque.

Chaque contenu à acheter suivra les quatre étapes du processus décrites précédemment, de la planification à la clôture.

Les vendeurs sont également connus sous le nom d'entrepreneurs, de sous-traitants, de prestataires de services ou de fournisseurs. Un acheteur peut être appelé le client, le maître d'ouvrage, l'entrepreneur principal, l'organisation qui achète, l'organisme gouvernemental, le demandeur de services ou l'acheteur. Au cours du cycle de vie du contrat, le vendeur peut être considéré tout d'abord comme soumissionnaire, puis comme source sélectionnée, et finalement comme vendeur ou fournisseur sous contrat.

Dans ce chapitre, nous avons supposé que l'acheteur fait partie de l'équipe de projet et a besoin d'acheter des articles pour le projet; le vendeur est externe à l'équipe de projet. On suppose que l'acheteur et le vendeur établissent une relation contractuelle qui doit être gérée.

12.1 Planifier le management des approvisionnements

La planification du management des approvisionnements du projet consiste à documenter les décisions d'achat, à préciser la méthode d'approvisionnement et à identifier les fournisseurs potentiels des biens ou services requis.

Tout commence par une décision de produire ou acheter. On précise quelles sont les parties du résultat du projet qui seront acquises à l'extérieur du projet, et quelles sont les parties qui vont être créées par l'équipe de projet. Ce processus de planification met l'accent non seulement sur le «quoi», le «comment» et le «quand» des achats, mais aussi sur l'identification des vendeurs potentiels.

La planification des approvisionnements va principalement s'appuyer sur les données d'entrée suivantes:
- la référence de base du contenu,
- les exigences du projet,
- l'estimation des coûts,
- l'échéancier du projet.

Ces quatre éléments clés définissent les limites du projet et influencent ou sont influencés par la décision de «produire ou acheter». Les autres données d'entrée sont le registre des risques et le registre des parties prenantes, ainsi que les facteurs environnementaux de l'entreprise et les actifs organisationnels.

Afin de répondre à la question: allons-nous la construire nous-mêmes ou allons-nous acheter une «solution»?, toute décision de «produire ou acheter» doit être accompagnée d'une analyse circonstanciée, évaluant les capacités, le budget, les contraintes de délais et les risques.

L'achat de produits ou de services pour un projet nécessite que l'on traite des aspects techniques, juridiques et commerciaux. Faire appel à un spécialiste de l'approvisionnement de l'organisation peut être utile au projet.
Lorsqu'il s'agit de contrats, beaucoup de variantes se présentent, mais tous se rapportent à trois types élémentaires:
- les contrats à prix forfaitaire,
- les contrats à coûts remboursables,
- les contrats pièces et main d'œuvre.

Ces types de contrats définissent en fait le niveau de risque financier que se partagent l'acheteur et le vendeur. Il est important de réaliser que le choix du type de contrat doit servir les meilleurs intérêts du projet et cela ne correspond pas nécessairement à un contrat à prix forfaitaire.

Le processus de planification du management des approvisionnements doit aboutir aux livrables suivants:

- le plan de management des approvisionnements qui décrit la manière dont le processus d'approvisionnement du projet va être géré en termes de types de contrats à utiliser, comment les décisions de «produire ou acheter» seront traitées, et l'application des politiques et des procédures d'approvisionnement et les métriques d'approvisionnement à utiliser etc.;
- l'énoncé des travaux d'approvisionnement qui décrit le contenu faisant l'objet de l'approvisionnement en termes de spécifications, de quantités requises, de niveaux de qualité, de délais de livraison etc.;
- la documentation des décisions de «produire ou acheter»;
- les documents d'approvisionnement comme la demande d'information; l'appel à proposition et la demande de prix;
- les critères de sélection qui seront utilisés pour évaluer les propositions des vendeurs.

12.2 Procéder aux approvisionnements

Procéder aux approvisionnements comprend l'obtention des réponses des fournisseurs potentiels, la sélection du fournisseur préféré et enfin la signature du contrat avec le fournisseur choisi.

En fonction des livrables du processus de planification du management des approvisionnements, l'équipe évaluera les propositions présentées par les fournisseurs intéressés, sélectionnera un fournisseur et enfin parviendra à un accord, en attribuant le contrat à ce fournisseur.

Vous trouverez ci-dessous une liste générique des éléments les plus importants d'un contrat:

- l'énoncé des travaux,
- les délais de livraison,
- les rapports d'avancement,
- les parties contractantes et leurs rôles et responsabilités,
- le lieu d'exécution,
- les conditions de tarification et de paiement,
- le lieu de livraison,
- les critères d'inspection et d'acceptation,
- la garantie et assistance du produit,
- les limites de responsabilité,
- le traitement des demandes de modifications,
- la résiliation et les mécanismes de règlement extrajudiciaire des conflits.

Le processus d'approvisionnement peut être long et nécessite souvent des efforts assidus des équipes de projet et d'approvisionnement. Plus le produit ou le service est complexe ou coûteux, plus l'attribution du contrat prendra de temps et d'efforts.

Les négociations contractuelles peuvent prendre un certain temps avant de se conclure par un accord. Le contrat doit expliciter les responsabilités, l'autorité de gestion des modifications, les modalités et les conditions, le droit régissant le contrat, les droits de propriété intellectuelle, l'échéancier des paiements et, en dernier mais non des moindres, le prix.

Parvenir à un accord final par un contrat peut à terme mener à une mise à jour des diverses composantes du plan de management de projet tels que le coût, l'échéancier, la référence de base du contenu et le plan de management des approvisionnements.

Les mises à jour de la documentation des exigences et du registre des risques pourraient également être nécessaires pour s'aligner sur les conditions convenues dans le contrat.

12.3 Maîtriser les approvisionnements

Après la signature du contrat et le début de l'exécution, l'équipe de projet doit:

- gérer les relations contractuelles,
- surveiller les performances du contrat,
- faire des ajustements si nécessaire.

Ces activités sont regroupées dans le processus de maîtrise des approvisionnements. Ce processus inclut également l'intégration de processus appropriés de management de projet tels que:

- diriger et gérer le travail du projet, mettre en œuvre la maîtrise intégrée des modifications, surveiller et maîtriser le travail du projet (voir chapitre 4),
- maîtriser les communications (voir chapitre 10),
- mettre en œuvre le contrôle de la qualité (voir chapitre 8),
- maîtriser les risques (voir chapitre 11).

Le volet financier de ce processus est activé dès que les paiements sont dus au vendeur. Faire correspondre les conditions de paiement avec la notification du travail accompli par le vendeur nécessite une analyse minutieuse et précise. Il n'est que trop évident que des objectifs clairs et non ambigus doivent être mentionnés dans le contrat pour permettre une mesure de la progression du travail simple et sans possibilité de contestation.

Il est important que le vendeur délivre ce à quoi il est tenu par le contrat. Si ce n'est pas le cas, vous pourriez envisager la modification du contrat ou même sa résiliation anticipée, c'est pourquoi il est important que ces situations soient prévues dans le contrat. Si une modification du contrat est nécessaire, vous devez suivre le processus de management des modifications mutuellement convenu et utiliser un système de maîtrise des modifications pour les administrer correctement.

La validation des livraisons du vendeur peut être faite par un examen structuré, une inspection ou un audit. Parfois, un simple rapport de performance suffira, mais cela dépendra aussi de la complexité du produit ou du service sous contrat.

Enfin, le processus de maîtrise des approvisionnements conduira aux mises à jour suivantes du plan de management du projet:

- mise à jour du plan d'approvisionnement dans les cas où les demandes de modifications affecteraient le processus d'approvisionnement, les coûts de projet et/ou l'échéancier du projet.
- mises à jour de la référence de base de l'échéancier dans les cas où des retards affecteraient la performance globale du projet.

12.4 Clore les approvisionnements

Tous les approvisionnements doivent être achevés et clôturés. Ce processus comprend la clôture des réclamations ouvertes, la mise à jour des enregistrements avec les résultats définitifs et leur archivage pour de futurs projets.

La fermeture du contrat peut être prescrite par les termes et conditions du contrat. Habituellement, les réclamations en suspens et les contrats résiliés nécessitent une attention particulière. Ils peuvent exiger de nouvelles négociations entre l'acheteur et le vendeur, pour parvenir à un accord mutuel sur la clôture des approvisionnements. Des négociations supplémentaires pour régler toutes les réclamations, différends et problèmes majeurs sont appelées des règlements négociés.

Pour qu'un approvisionnement soit clos, il est normal d'obtenir une notification formelle écrite du vendeur sur la finalisation du contrat. Les exigences de clôture officielle sont habituellement définies dans le contrat. Tous les documents de clôture du contrat doivent être classés comme documentation concernant l'approvisionnement.

Les leçons apprises et les améliorations suggérées doivent être également documentées au profit de projets futurs. Un examen structuré des processus de management des approvisionnements – un audit des approvisionnements – peut contribuer de manière substantielle à l'amélioration des approvisionnements lors des projets futurs.

Chapitre 13
Management des parties prenantes

Ce domaine de connaissance inclut toutes les étapes nécessaires pour identifier les personnes, groupes ou organisations qui ont un impact sur le projet, ou sur lesquels le projet a un impact. Nous essayons d'analyser les attentes des parties prenantes et l'impact qu'ont ces attentes sur le projet. Nous essayons également d'analyser les impacts des parties prenantes sur le projet et leurs besoins associés, et de développer des stratégies de management de projet appropriées afin d'impliquer et de communiquer efficacement avec les parties prenantes pendant la durée du projet.

La satisfaction des parties prenantes doit être gérée comme un des principaux objectifs du projet.

Le domaine de connaissance du management des parties prenantes comporte quatre processus:
1. identifier les parties prenantes,
2. planifier le management des parties prenantes,
3. manager l'engagement des parties prenantes,
4. maîtriser l'engagement des parties prenantes.

Tout projet a des parties prenantes, qui ont un impact ou qui subissent l'impact du projet, de manière plus ou moins favorable. Certaines parties prenantes ont une possibilité limitée d'influencer le déroulement du projet, alors que d'autres ont plus d'influence sur le projet et sur ses résultats.

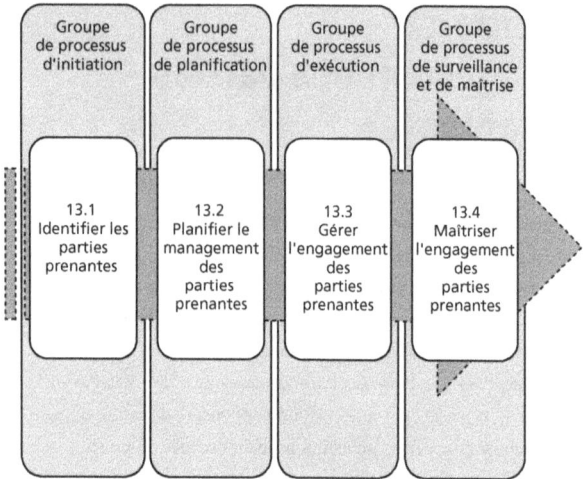

Figure 13.1 Les processus du management des parties prenantes

13.1   Identifier les Parties Prenantes

Les parties prenantes sont les personnes et organisations activement impliquées dans le projet, ou dont les intérêts peuvent être affectés de manière positive ou négative par l'exécution du projet et/ou par la mise en œuvre des résultats du projet. Du fait qu'elles peuvent exercer une influence sur le projet et ses livrables, il est essentiel de les identifier, afin de les gérer de manière proactive.

Ne pas arriver à identifier des parties prenantes clés et leurs exigences peut augmenter les délais et les coûts, réduire la qualité du résultat final, affecter les niveaux d'acceptation et par conséquent avoir un impact sur le succès du projet. En n'identifiant pas une partie prenante vous ne manquerez «que» 100% de ses exigences dans cette phase. De plus, lorsqu'une partie prenante est identifiée beaucoup plus tard dans le cycle de vie du projet, par exemple lors de l'exécution et la transition, cela lui donnera, dans la plupart des cas, une perception du projet et des attentes négatives, et la rendra également réticente envers toute activité liée au projet.

La technique clé de ce processus s'appelle «l'analyse des parties prenantes». Après avoir effectué cette analyse, un ensemble de parties prenantes aura été identifié et référencé dans le registre qui leur est consacré. Des stratégies de management des parties prenantes devront être adaptées en fonction des critiques formulées, de leur influence et de leur impact, d'influence et d'impact qui leur sont associés, afin d'augmenter leur soutien et de réduire tout impact négatif.

Registre des parties prenantes pour les 17 ans de Charlie				
Nom de la partie prenante	Exemples	Attentes	Pouvoir (Echelle 1 – 3)	Intérêt (Echelle 1 – 3)
Le garçon dont c'est l'anniversaire	Charlie	Avoir une fête agréable et des jeux sympathiques	3	3
Les voisins, qui ne sont pas invités	M. Jones	Pouvoir accéder à leur maison, que la fête se termine à 22h	2	1
Les musiciens	The Moodys	Attirer de nouveaux clients	1	2
Les invités et leurs enfants	Ann et Mike	D'autres offres	2	3
Noyau dur des invités	Peter, Paul et Mary	Information à l'avance, contribution appréciée	3	3

Figure 13.2 Exemple de registre des parties prenantes

Analyse des parties prenantes

Comme la plupart des projets auront un grand nombre de parties prenantes et que le temps est limité, elles doivent être classifiées afin de porter plus d'attention aux principales relations qui aideront à livrer avec succès le produit du projet et qui permettront la transition en douceur vers les opérations. L'analyse des parties prenantes constituera un soutien à l'équipe de projet pour assurer une meilleure compréhension. Cette évaluation devrait être revue régulièrement pour permettre des ajustements en réponse à des changements éventuels. L'analyse des parties prenantes suit généralement trois étapes:

- étape 1: identifier toutes les parties prenantes potentielles et leurs informations pertinentes, telles que leurs rôles, leurs départements, leurs intérêts, leurs niveaux de connaissance, leurs attentes et leurs niveaux d'influence.
- étape 2: identifier l'impact ou le soutien potentiel que chaque partie prenante peut générer et classifier ces parties prenantes de manière à définir une stratégie d'approche. Pour de grandes communautés de parties prenantes, il est important d'associer une priorité à chaque partie prenante, pour garantir que l'effort de communication et de gestion de leurs attentes soit efficace. Les modèles de classification suivants peuvent aider à cette analyse:
  - la grille pouvoir/intérêt regroupe les parties prenantes en fonction de leur niveau d'autorité («pouvoir») et de leur niveau d'engagement («intérêt») par rapport aux résultats du projet;
  - la grille pouvoir/influence regroupe les parties prenantes en fonction de leur niveau d'autorité («pouvoir») et de leur niveau de participation active («influence») dans le projet;
  - la grille influence/impact regroupe les parties prenantes en fonction de leur niveau de participation active («influence») dans le projet et de leur capacité à effectuer des modifications à la planification ou à l'exécution du projet («impact»);
  - le modèle de prédominance décrit les classes de parties prenantes en fonction de leur pouvoir (capacité à imposer leur volonté), de l'urgence (besoin d'attention immédiate), et de leur légitimité (leur participation est justifiée).
- étape 3: évaluer comment les parties prenantes clés risquent de réagir ou de répondre à diverses situations, dans le but de prévoir la manière de les influencer pour qu'elles renforcent leur soutien et pour atténuer d'éventuels impacts négatifs.

13.2 Planifier le management des parties prenantes

Comment un chef de projet va-t-il impliquer efficacement les parties prenantes après les avoir identifiées dans l'étape précédente?

La réponse est donnée dans ce processus. Le résultat de cette étape est un plan d'action clair et réalisable pour interagir avec les parties prenantes du projet afin de soutenir les intérêts du projet.

Le management des parties prenantes va plus loin que la simple amélioration de la communication. Elle consiste à maintenir des relations entre l'équipe de projet et les parties prenantes.

Une bonne idée serait de prendre en compte le niveau actuel d'engagement des parties prenantes pour planifier leur management. Les niveaux d'engagement peuvent se classifier selon les termes suivants: inconscient, réticent, neutre, favorable, meneur, et leurs niveaux correspondants peuvent être documentés dans une matrice d'évaluation de l'engagement des parties prenantes.

Matrice d'évaluation de l'engagement des parties prenantes					
Nom de la partie prenante	Pas au courant	Résistant	Neutre	Soutien	Leader
Fred Myers		C	D		
Joe Blocks	C			D	
Employés de l'agence de NY			DC		
Service des tests			C	D	
Etat : C = Courant / D = Désiré					

Figure 13.3 Exemple de matrice d'évaluation de l'engagement des parties prenantes

Le résultat de ce processus est un plan de management des parties prenantes qui décrit les niveaux d'engagement mentionnés ci-dessus, les relations identifiées, les exigences de communication des parties prenantes, la fréquence et la durée pendant laquelle les mises à jour devront être effectuées.

13.3 Manager l'engagement des parties prenantes

Ce processus décrit comment travailler avec les parties prenantes, tenir compte de leurs préoccupations et résoudre les problèmes, afin de satisfaire leurs besoins et attentes. Pour aider à gérer leurs attentes, il n'y a pas d'autre outil ou technique que les compétences générales en management et en communication interpersonnelle. Il s'agit moins de disposer d'outils que d'être constamment attentif aux parties prenantes, à leurs attentes en termes de communication et de résultats, à leurs préoccupations et à leur attitude envers le projet.

Cette activité peut donner lieu à des demandes de modification qui devront être traitées selon le processus standard de management des modifications. Il faut également effectuer des mises à jour du registre des parties prenantes, de la liste des problèmes et, le cas échéant, du document décrivant la stratégie de management des parties prenantes.

13.4 Maîtriser l'engagement des parties prenantes

Le dernier processus de ce domaine de connaissance décrit la surveillance globale des relations avec les parties prenantes et l'ajustement des stratégies et des plans pour impliquer ces dernières. Le principal bénéfice de ce processus est le maintien et l'augmentation de l'efficacité de l'engagement des parties prenantes, au fur et à mesure que le projet évoluera et que son environnement changera.

Annexe A
Glossaire

Le glossaire du *Guide PMBOK®* s'appuie sur le lexique PMI des termes de gestion de projet qui offre un ensemble standardisé de définitions claires et concises pour les termes utilisés fréquemment en gestion de projet, de programme et de portefeuille. Pour toute personne travaillant en lien avec le management de projet, le lexique PMI des termes de gestion de projet est une ressource importante pour favoriser une compréhension et un usage cohérents de terminologie. Afin de renforcer cela, les comités des standards PMI utilisent ce lexique pour tous les standards et publications autour du management de projet. Le lexique PMI peut être acheté séparément dans la librairie PMI. Cependant, les membres de l'association PMI ont accès gratuitement à ce lexique PMI des termes de management de projet. Vous trouverez ci-dessous un bref extrait des termes utilisés dans ce compagnon de poche.

Définitions

Veuillez noter que de nombreux termes définis ici ont des définitions plus larges et parfois différentes selon les dictionnaires.

Les définitions utilisent les conventions suivantes:

- Dans certains cas, un terme du glossaire est constitué de plusieurs mots (par exemple: Planification des réponses aux risques);
- Aucune définition n'est fournie pour les synonymes, et le lecteur est redirigé vers le terme utilisé de préférence (c'est-à-dire: voir le terme de préférence);
- Les termes qui sont liés mais qui ne sont pas des synonymes proposent des références croisées à la fin de leur définition (c'est-à-dire: voir aussi le terme).

Acheteur. Personne chargée de l'acquisition de produits, de services ou de résultats pour une organisation.

Action corrective. Activité exécutée dans l'intention de réaligner la performance du travail du projet avec le plan de management du projet.

Action préventive. Activité effectuée dans le but d'assurer que la performance future du travail du projet soit alignée sur le plan du management du projet.

Activité. Une partie distincte et planifiée du travail réalisé dans le cadre d'un projet.

Aléa. Voir Réserve.

Analyse des forces, faiblesses, possibilités et menaces (FFPM). Analyse des forces, faiblesses, possibilités et menaces d'une organisation, projet, ou option.

Appel à proposition. Type de document d'approvisionnement utilisé pour solliciter des propositions de la part de fournisseurs potentiels de produits ou de services. Dans certains domaines d'application, il peut avoir une signification plus restreinte ou spécifique.

Budget. Estimation approuvée du projet, d'un composant de la structure de découpage du projet ou d'une activité de l'échéancier.

Bureau des projets. Structure organisationnelle qui normalise les processus de gouvernance et facilite le partage de ressources, méthodologies, outils et techniques.

Champ d'application. Catégorie de projet présentant des composants communs significatifs, bien que ces composants ne soient pas forcément nécessaires ou présents dans tous ces projets. Un champ d'application se définit généralement en termes de produit (par similitude des technologies ou des méthodes de production), de type de client (interne ou externe, public ou privé) ou de secteur d'activité (services publics, automobile, aérospatiale, technologies de l'information, etc.). Certains champs d'application peuvent se chevaucher.

Charte du projet. Document émis par l'initiateur ou le commanditaire du projet, qui en autorise formellement l'existence et donne autorité au chef de projet pour affecter des ressources de l'organisation aux activités de ce projet.

Chef de projet. Personne désignée par l'entreprise réalisatrice pour diriger l'équipe chargée de la réalisation des objectifs du projet.

Chemin critique. La séquence d'activités qui représente le chemin le plus long dans le cadre d'un projet et qui détermine la durée la plus courte possible.

Classe. Catégorie ou rang utilisé pour distinguer des articles ayant le même usage fonctionnel (exemple: «marteau»), mais soumis à des exigences de qualité différentes (différents marteaux pourraient se distinguer selon leur usage).

Commanditaire. Une personne ou un groupe qui fournit ressources et soutien au projet, programme ou portefeuille, et qui est responsable d'en faciliter la réussite. Parfois appelé Parrain dans certains pays francophones.

Compression de l'échéancier. Technique utilisée pour réduire la durée de l'échéancier sans réduire le contenu du projet. Voir Compression des délais et Exécution accélérée par chevauchement.

Compression des délais. Technique utilisée pour réduire la durée de l'échéancier pour un coût minimum en ajoutant des ressources.

Contenu. Ensemble des produits, services et résultats à fournir par le projet. Voir aussi Contenu du projet et Contenu du produit.

Contenu du produit. Caractéristiques et fonctions qui caractérisent un produit, un service ou un résultat.

Contenu du projet. Ensemble du travail pour fournir un produit, service ou résultat ayant les caractéristiques et fonctions spécifiées.

Contrainte. Un facteur limitant qui affecte l'exécution d'un projet, d'un programme, d'un portefeuille ou d'un processus.

Corpus des connaissances en management de projet. Expression globale qui désigne l'ensemble des connaissances dans le domaine professionnel du management de projet. Comme pour d'autres professions telles que le droit, la médecine ou la comptabilité, cet ensemble de connaissances est le fait des universitaires et des praticiens qui l'appliquent et le font progresser. Dans son intégralité, le corpus des connaissances en management de projet inclut les pratiques classiques largement appliquées comme les pratiques novatrices en émergence au sein de la profession. Les documents de ce corpus peuvent aussi bien être publiés que non publiés, et évoluent constamment. Le *Guide PMBOK®* du PMI identifie ce sous-ensemble qui est généralement reconnu comme bonne pratique.

Critère d'acceptation. Un ensemble de conditions qui doivent être remplies avant que les livrables ne soient acceptés.

Cycle de vie du produit. Série de phases qui représentent l'évolution d'un produit, du concept à la livraison, la maturité et jusqu'à son retrait du marché. En général, le cycle de vie d'un produit est composé d'un ou plusieurs cycles de vie de projets.

Cycle de vie du projet. Série de phases que traverse le projet, depuis son démarrage jusqu'à sa clôture.

Date imposée. Date précise imposée pour une activité ou un jalon de l'échéancier, généralement sous la forme «ne pas démarrer avant telle date» ou «ne pas finir plus tard que telle date».

Défaut. Imperfection ou déficience d'un composant du projet, qui entraine le non-respect des exigences ou des spécifications correspondantes et donc la nécessité de le réparer ou de le remplacer.

Demande d'information. Type de document d'approvisionnement dans lequel l'acheteur demande à un fournisseur potentiel de lui fournir diverses informations relatives à un produit, un service, ou à certaines de ses capacités.

Demande de modification. Proposition formelle de modifier un quelconque document, livrable ou une référence de base.

Demande de prix. Type de document d'approvisionnement utilisé pour solliciter des propositions de prix de la part de vendeurs potentiels de produits ou de services courants ou standards. Les demandes de prix sont parfois utilisées au lieu des appels à proposition, et la signification de cette appellation peut être plus restreinte ou plus spécifique dans certains champs d'application.

Dérive du contenu. L'expansion non-contrôlée du produit ou du contenu du projet sans ajustements de la durée, du coût et des ressources.

Diagramme de Gantt. Graphique à barres des données de l'échéancier dans lequel les activités sont présentées sur l'axe des ordonnées, les dates sont indiquées sur l'axe des abscisses et les durées des activités sont représentées sous forme de barres horizontales placées en fonction des dates de début et de fin correspondantes.

Diagramme de Pareto. Histogramme, classé par fréquence d'occurrence, montrant le nombre de résultats générés par chacune des causes identifiées.

Domaine de connaissance en management de projet. Domaine identifié du management de projet, défini par ses exigences en matière de connaissance et dont le contenu est décrit en termes de ses processus, pratiques, données d'entrée et de sortie, outils et techniques.

Écart. Déviation, dérive ou divergence quantifiable par rapport à une référence de base connue ou à une valeur prévue.

Effort. Nombre d'unités de travail nécessaires à l'achèvement d'une activité de l'échéancier ou d'un composant de la structure de découpage du projet, généralement exprimé en heures-personne, jours-personne ou semaines-personne.

Énoncé des travaux. Description narrative des produits, des services ou des résultats à fournir par le projet.

Équipe de management de projet. Membres de l'équipe du projet directement impliqués dans les activités de management de projet. Pour certains petits projets, cette équipe peut inclure tous les membres de l'équipe de projet.

Équipe virtuelle. Groupe de personnes ayant un objectif commun et qui, dans leurs rôles respectifs, ne se rencontrent que rarement ou jamais. Diverses technologies sont souvent utilisées pour faciliter la communication entre les membres de l'équipe. Les équipes virtuelles peuvent être composées de personnes séparées par de grandes distances.

Estimation. Évaluation quantitative du résultat probable attendu. Le terme s'applique généralement aux coûts, aux ressources, à l'effort et aux durées du projet; il est habituellement complété par un déterminant (préliminaire, conceptuelle, de faisabilité, d'ordre de grandeur, définitive, etc.). Cette estimation doit toujours comporter une indication de précision (exemple: ± x%). Voir également budget.

Exécuter. Diriger, gérer, effectuer et réaliser le travail du projet, en fournir les livrables ainsi que les informations sur la performance du travail.

Exécution accélérée par chevauchement. Technique de compression de l'échéancier du projet, dans laquelle des phases normalement prévues en séquence sont réalisées en parallèle au moins sur une partie de leur durée.

Exigence. Condition ou capacité qui doit être présente dans un produit, service ou résultat pour satisfaire à des obligations contractuelles ou à d'autres spécifications formellement imposées.

Facteurs environnementaux de l'entreprise. Facteurs, hors du contrôle immédiat de l'équipe de projet, qui influencent, contraignent ou dirigent le projet, programme ou portefeuille.

Hypothèse. Un facteur qui, dans le processus de planification, est considéré comme vrai, réel ou certain, sans preuve ni démonstration.

Ingénierie de la valeur. Approche utilisée pour optimiser les coûts du cycle de vie du projet, gagner du temps, augmenter les bénéfices, améliorer la qualité, accroître sa part de marché, résoudre les problèmes et/ou utiliser les ressources plus efficacement.

Jalon. Point ou évènement significatif d'un projet, programme ou portefeuille.

Leçons apprises. Les connaissances acquises durant l'exécution du projet et qui montrent comment les événements du projet ont été ou devraient être pris en compte à l'avenir dans le but d'améliorer les performances futures.

Livrable. Produit, résultat ou capacité de réaliser un service, de caractère unique et vérifiable, dont la production est nécessaire pour achever un processus, une phase ou un projet.

Lot de travail. Le travail défini au plus bas niveau de la structure de découpage du projet pour lequel le coût et la durée peuvent être estimés et gérés.

Maîtrise des modifications. Processus par lequel les modifications apportées aux documents, aux livrables ou aux références de base associées au projet sont identifiées, documentées, approuvées ou rejetées.

Management de portefeuille. Le management centralisé d'un ou plusieurs portefeuilles afin d'atteindre des objectifs stratégiques.

Management de programme. Application de connaissances, de compétences, d'outils et techniques à un programme pour répondre aux exigences du programme et obtenir des avantages et une maîtrise non disponibles par le management individuel des projets.

Management de projet. Application de connaissances, de compétences, d'outils et techniques aux activités du projet afin d'en respecter les exigences.

Management par la valeur acquise. Méthode qui intègre le contenu, le délai et les mesures de performance des ressources pour évaluer la performance et l'avancement du projet.

Marge libre. Temps maximum dont une activité de l'échéancier peut être retardée sans retarder la date de début au plus tôt de l'une de ses activités successeurs.

Marge totale. Temps maximum dont une activité de l'échéancier peut être retardée par rapport à sa date de début au plus tôt sans retarder la date de fin du projet ni transgresser une contrainte de l'échéancier. Elle se calcule à l'aide de la méthode du chemin critique en déterminant la différence entre la date de fin au plus tôt et la date de fin au plus tard. Voir aussi Marge libre.

Menace. Risque qui aurait un effet négatif sur un ou plusieurs des objectifs du projet.

Méthode. Décrit le processus grâce auquel une tâche est exécutée; mode opératoire prescrit pour l'exécution des processus.

Modèle. Document partiellement rempli et d'un format prédéfini qui fournit une structure précise pour la collecte, l'organisation et la présentation d'informations et de données.

Modification du contenu. Modification du contenu du projet. Une modification du contenu entraîne presque toujours un ajustement du coût ou de l'échéancier du projet.

Norme. Document qui fournit, pour un usage général et fréquent, les règles, les lignes directrices ou les caractéristiques d'activités ou de leurs résultats, dans le but d'atteindre le meilleur niveau possible dans un contexte donné.

Objectif. Quelque chose vers lequel un travail devra être orienté, une position stratégique à atteindre, un but à réaliser, un résultat à obtenir, un produit à fabriquer, ou un service à fournir.

Opportunité. Un risque qui aurait un impact positif sur un ou plusieurs objectifs du projet.

Organisation fonctionnelle. Organisation hiérarchique dans laquelle chaque employé est sous l'autorité d'un seul supérieur hiérarchique, et le personnel est groupé par domaine de spécialisation et dirigé par une personne dotée d'expertise dans ce domaine.

Organisation matricielle. Structure organisationnelle dans laquelle le chef de projet partage avec les responsables fonctionnels la responsabilité de fixer les priorités et de diriger le travail du personnel affecté à ce projet.

Organisation par projets. Structure organisationnelle dans laquelle le chef de projet a toute autorité pour fixer les priorités, affecter les ressources et diriger le travail des personnes affectées au projet.

Organisation réalisatrice. Entreprise dont le personnel est le plus directement impliqué dans l'exécution du travail du projet ou du programme.

Palliatif. Réponse à une menace qui s'est produite, pour laquelle une réponse préalable n'avait pas été planifiée ou n'était pas efficace. Aussi appelé Mesure de contournement dans certains pays francophones.

Partie prenante. Individu, groupe ou organisme pouvant affecter, être affectée ou avoir la perception d'être affectée par une décision, activité ou résultat d'un projet, programme ou portefeuille.

Phase du projet. Ensemble d'activités du projet liées logiquement et aboutissant à l'achèvement d'un ou plusieurs livrables.

Plan de management des effectifs. Composante du plan des ressources humaines qui décrit quand et comment les membres de l'équipe de projet seront recrutés et le temps pendant lequel ils seront nécessaires.

Plan de management du projet. Document qui décrit comment le projet sera exécuté, surveillé et maîtrisé.

Portefeuille. Projets, programmes, de sous-portefeuilles et opérations gérés en tant que groupe dans le but d'atteindre des objectifs stratégiques.

Prévisions. Une estimation ou un pronostic de situations ou d'évènements à venir dans le déroulement du projet, à partir d'informations et de connaissances disponibles au moment où les prévisions sont effectuées. Ces informations sont tirées de la performance passée du projet et de celle attendue par la suite, et comprennent des éléments susceptibles d'avoir un impact sur ce projet à l'avenir, tels que son coût final estimé et son coût estimé pour achèvement.

Problème majeur. Point à l'étude ou litigieux, en cours de discussion pour régler la question, ou pour lequel s'opposent des points de vue ou des divergences.

Produit. Objet qui est produit, quantifiable, et pouvant être aussi bien un produit final qu'un composant. Les termes «matériaux» et «biens» s'apparentent à «produits». À comparer avec Résultat. Voir aussi Livrable.

Programme. Groupe de projets apparentés dont le management est coordonné afin d'obtenir des avantages et une maîtrise qui ne seraient pas possibles en les traitant isolément.

Projet. Entreprise temporaire initiée dans le but de fournir un produit, un service ou un résultat unique.

Provision pour aléas. Budget inclus dans la référence de base des coûts ou de la référence de base des mesures de performances qui est alloué aux risques identifiés et acceptés et pour lesquels des réponses aux aléas ou des mesures d'atténuation sont développées. Maîtrise. Comparer les performances réelles aux performances prévues, analyser les écarts, évaluer les tendances dans le but d'améliorer les processus, évaluer les alternatives possibles et, au besoin, recommander des actions correctives appropriées.

Qualité. Le degré de conformité aux exigences présenté par l'ensemble des caractéristiques inhérentes.

Rapports d'avancement du travail. Représentation physique ou électronique des informations d'avancement du travail regroupées en documents du projet, dans le but de générer des décisions, des actions ou une sensibilisation.

Rapports de performance. Documents et présentations fournissant un résumé organisé des données de performance du travail, les indicateurs de la valeur acquise ainsi qu'une analyse de l'état et de la progression du travail du projet.

Réclamation. Requête, demande ou affirmation d'un droit par un vendeur à l'encontre d'un acheteur (ou inversement), en vue d'une prise en compte, d'un dédommagement, ou d'un règlement selon les termes du contrat, par exemple dans le cas d'une modification contestée.

Référence de base. La version approuvée du produit d'un travail qui ne peut être modifiée que par des procédures officielles de maîtrise des modifications et qui est utilisée comme base de comparaison.

Référence de base de l'échéancier. Version approuvée d'un modèle d'échéancier qui ne peut être modifiée que par des procédures formelles de maîtrise des modifications et qui est utilisée comme base de comparaison aux résultats réels.

Référence de base des coûts. Version approuvée du budget échelonné du projet utilisée pour comparer les dépenses réelles avec les dépenses planifiées afin de déterminer si des actions préventives ou correctives sont nécessaires pour atteindre les objectifs du projet.

Référence de base des mesures de performances. Plan approuvé intégrant contenu, échéancier, coûts du travail du projet auquel son exécution est comparée pour en mesurer et gérer la performance. Cette référence de base comprend la provision pour aléas mais exclut la provision pour management.

Référence de base du contenu. Version spécifique et approuvée de l'énoncé détaillé du contenu, de la structure de découpage du projet (SDP) et son dictionnaire associé.

Registre des risques. Document dans lequel les résultats de l'identification des risques, de l'analyse des risques et de la planification des réponses aux risques sont enregistrés.

Réglementation. Exigences imposées par un organisme gouvernemental. Ces exigences peuvent définir les caractéristiques du produit, du processus ou du service – y compris les dispositions administratives applicables – dont la conformité est régie par l'État.

Réserve. Provision incluse dans le plan de management du projet pour atténuer les risques ayant un impact sur les coûts et/ou l'échéancier. Le terme est souvent utilisé avec un déterminant (exemple: réserve ou provision pour imprévus, réserve ou provision pour aléas) pour préciser les types de risques qui sont censés être atténués.

Responsable fonctionnel. Personne disposant de l'autorité managériale sur une unité de l'organisation au sein d'une organisation fonctionnelle. Responsable de tout groupe qui fabrique effectivement un produit ou fournit un service. Parfois appelé responsable hiérarchique.

Ressource. Personnel compétent (dans des disciplines spécifiques, à titre individuel ou en équipe), équipements, services, fournitures, produits de base, matériaux, budgets ou fonds.

Risque. Évènement ou condition possible dont la concrétisation aurait un impact positif ou négatif sur les objectifs du projet.

Risque résiduel. Risque qui persiste après la mise en œuvre des stratégies de réponse.

Spécifications. Document spécifiant, de manière complète, précise et vérifiable, les exigences, la conception, le comportement ou autres caractéristiques d'un système, composant, produit, résultat ou service et, souvent, les procédures permettant de déterminer si ces clauses sont respectées. Exemples: spécifications des exigences, de conception, du produit et de tests.

Structure de découpage du projet (SDP). Décomposition hiérarchique de l'ensemble du travail que l'équipe de projet doit réaliser pour atteindre les objectifs du projet et produire les livrables requis.

Système de management de la configuration. Sous-système de l'ensemble du système de management de projet. Ce sous-système se compose d'un ensemble de procédures documentées formelles qui sont utilisées pour diriger et surveiller: l'identification et la documentation des caractéristiques fonctionnelles et physiques d'un produit, d'un résultat, d'un service ou d'un composant, la maîtrise de toute modification apportée à ces caractéristiques, l'enregistrement et le compte-rendu de chaque modification avec son état d'avancement. Il comprend la documentation, les systèmes de suivi et les niveaux d'approbation requis pour l'autorisation et la maîtrise des modifications.

Tolérance aux risques. Degré, niveau ou ampleur des risques qu'une organisation ou un individu va considérer comme tolérable.

Valeur acquise (VA). La mesure du travail effectué exprimée en termes de budget autorisé pour ce travail.

Validation. L'assurance qu'un produit, un service ou un système satisfait aux besoins du client et des autres parties prenantes identifiées. Elle implique souvent l'acceptation par des clients externes et la conformité avec leurs attentes. Ne pas confondre avec Vérification.

Vendeur. Prestataire ou fournisseur de produits, services ou résultats à une organisation.

Vérification. L'évaluation de la conformité d'un produit, d'un service ou d'un système aux règlementations, exigences, spécifications, ou des conditions imposées. C'est souvent un processus interne. Ne pas confondre avec Validation.

À propos des auteurs

Paul Snijders, PMP, débute sa carrière professionnelle en 1989 comme chef de projet en technologie de l'information. Durant les années 90, Paul géra des projets TI dans les domaines de la logistique, des finances, de l'art graphique et dans l'industrie pétrolière. Il a travaillé comme chef de projet pour des compagnies telles que KPN, Hewlett-Packard et Atos-Origin, puis plus tard comme chef de projet indépendant. Il travaille depuis dans le domaine des systèmes de gestion intégrés, spécialement en logistique et ressources humaines. De 2011 à 2012, Paul s'est impliqué dans la mise en place d'un nouveau système d'administration des rentes pour la Caisse commune des Pensions du Personnel des Nations Unies, à New York.

Paul est un chef de projet certifié, accompli et chevronné.

En 1997, son application fut retenue pour le certificat de chef de projet, niveau B, de la réputée Association internationale de gestion de projet (IPMA).

Malgré son soutien pour l'école de management de projet éclectique, Paul est impressionné par la richesse de la méthode de gestion de projet PRINCE2. En 2001, il obtient son certificat de praticien PRINCE2.

À l'affut de l'excellence, Paul découvre le *Project Management Institute* (PMI) et leur norme de gestion de projet, capturée dans le Guide du corpus des connaissances en management de projet (*Guide PMBOK®*). En 2005, il obtient son certificat de chef de projet professionnel (PMP).

Depuis 1999, Paul a dispensé sa formation Fondements du management de projet au profit de professionnels d'affaires et de TI. Des centaines de participants ont apprécié son style de formation, rapide, humoristique et pointue. Paul vous guidera au travers du paysage de management de projet. Outre les méthodes, il vous apprendra les trucs du métier qui fonctionnent et font la différence entre le succès et l'échec.

Dernièrement, Paul agit comme orateur motivationnel pour plusieurs publics sur des sujets récents en gestion de projet. La motivation de Paul est d'adresser son message à qui veut l'entendre: seuls les chefs de projet compétents réussissent à livrer des projets qui satisferont leurs clients et leurs parties prenantes.

Thomas Wuttke, PMP, PMI-RMP, PMI-ACP, CSM, est diplômé en informatique de l'université des sciences appliquées à Karlsruhe, Allemagne. Il a travaillé plus de 20 ans sur des projets d'intégration de grande taille dans les secteurs publics et commerciaux. Il a une expérience intense en management de projets et de programmes et fut directeur général et commanditaire exécutif. Thomas fut un partenaire international au siège social de Threon Europe, en Belgique, suite à la fusion de sa firme de conseil en management de projet avec le groupe Threon en 2006.

En 1996, Paul obtient son certificat niveau B de l'IPMA, son certificat PMP et devient l'un des premiers chefs de projet certifié PMP en Allemagne. Il a aussi servi comme directeur sur le conseil d'administration du Centre de conseil de certification de PMI. Il fut président du chapitre PMI de Munich pendant cinq années. Thomas a lancé la traduction du *Guide PMBOK®* en allemand avant que la norme PMI finale fut établie, incluant onze langues. Il a publié plusieurs articles et il est l'auteur principal de '*Das PMP Examen*', un livre de préparation pour l'examen PMP.

Thomas est un formateur renommé et inspiré, expert-conseil, entraîneur et orateur avec des affectations en Europe, en Chine, en Corée, au Japon, en

Inde, au Brésil et aux États-Unis. Ses sujets préférés sont l'alignement des stratégies avec les projets et les programmes, l'amélioration de la maturité organisationnelle, l'introduction de la gestion réelle et pratique du risque ainsi que les stratégies de gestion agile de projet.

Thomas est marié, a trois enfants et demeure dans les environs de Munich où il apprécie la mentalité bavaroise, la voile et l'alpinisme.

Anton Zandhuis, PMP, commence sa carrière professionnelle à la suite de ses études en administration technique des affaires, en 1989, à l'Organisation de la recherche scientifique appliquée (TNO), aux Pays-Bas. Il a travaillé sur des projets internationaux de recherche, de grande envergure, se concentrant sur les facettes de finances, d'affaires et de gestion de projet. Il s'est ensuite joint à Delaware Consulting, suivi d'Arthur Andersen, gérant des projets de mise en place de systèmes intégrés de gestion. Il s'est alors joint avec Deloitte, à titre de directeur des chefs de projet ICT, veillant à la mise en place de bonnes pratiques de gestion de projet, programme et portefeuille. De plus, il élabore et met en place l'alignement d'ICT avec l'entreprise. En 2006, il devient partenaire de Threon Pays-Bas, qui fait partie du groupe Threon, un partenaire d'affaires européen reconnu pour la mise en place de l'excellence dans la gestion de projets. Anton est à présent le chef de l'académie de gestion de projet de Threon. À ce titre, il offre des services d'entraînement, d'expert-conseil et de formation en management de projet, programme ou portefeuille à des organisations multidisciplinaires et des publics internationaux.

Outre son développement continu dans la profession de management de projet, Anton est co-fondateur du chapitre PMI Pays-Bas (fondé en 2000, membre honoraire) et il a servi comme membre du conseil où il a occupé différents rôles sur plusieurs années. Il devint membre du conseil pour le comité de programme néerlandais pour le chapitre PMI Pays-Bas. Il a œuvré dans l'équipe de révision de la première traduction néerlandaise du *Guide PMBOK®*, 3ᵉ édition (publiée en 2006), et géra la traduction du *Guide PMBOK®*, 4ᵉ édition (publiée en mai 2009). Il a représenté les organisations européennes de formation PMI dans le groupe consultatif des fournisseurs enregistrés d'éducation PMI (2010-2012). Il a été gestionnaire de projet et co-auteur d'une publication néerlandaise expliquant l'application pratique de ISO 21500 «Orientation en gestion de projet» (néerlandais, publié par NEN, novembre 2012). Il a aussi été co-auteur et chef du projet «ISO 21500 Guidance on project management – A Pocket Guide» (anglais – 2013). Anton détient des certifications PMP de PMI, MSP de OGC, et praticien PRINCE2.

Anton est motivé par son désir de partager sa passion et son enthousiasme pour la profession de management de projet puisque il s'agit de travailler ensemble avec des personnes dans des environnements innovateurs. Anton croit que son application pratique mène à des équipes motivées, concentrées et efficaces ainsi qu'à l'obtention du meilleur des personnes, assurant une livraison plus réussie de projets, de programmes et de résultats d'affaires soutenables

Anton est marié, a deux enfants, et demeure à Delft où il apprécie la cuisine avec sa famille et amis ainsi que la conduite de sa motocyclette.

Le Groupe PMI Francophonie

La traduction française de ce livre de poche a été réalisée par le Groupe PMI Francophonie, par le biais d'intervenants des chapitres suivants:

FRANCE CHAPTER
PROJECT MANAGEMENT INSTITUTE

http://pmi-france.org/

MOROCCO CHAPTER

http://www.pmimaroc.org

BELGIUM CHAPTER

http://www.pmi-belgium.be

SECTION DE LÉVIS-QUÉBEC

https://pmiquebec.qc.ca

NEW BRUNSWICK CHAPTER

http://www.pminb.ca

Vue d'ensemble des 47 processus de gestion de projet - Structurée par Domaine de Connaissance et par groupes de processus

Chapitre	Domaine de Connaissance	Groupes de processus				
		Démarrage	Planification	Exécution	Surveillance et Maîtrise	Clôture
4	Management de l'intégration	4.1 Élaborer la charte du projet	4.2 Élaborer le plan de management du projet	4.3 Diriger et gérer le travail du projet	4.4 Surveiller et Maîtriser le travail du projet 4.5 Mettre en œuvre la maîtrise intégrée des modifications	4.6 Clore le projet ou la phase
5	Management du contenu		5.1 Planifier le management du contenu 5.2 Recueillir les exigences 5.3 Définir le contenu 5.4 Créer la SDP		5.5 Valider le contenu 5.6 Maîtriser le contenu	
6	Management des délais		6.1 Planifier le management de l'échéancier 6.2 Définir les activités 6.3 Organiser les activités en séquence 6.4 Estimer les ressources nécessaires aux activités 6.5 Estimer la durée des activités 6.6 Développer l'échéancier		6.7 Maîtriser l'échéancier	
7	Management des coûts		7.1 Planifier le management des coûts 7.2 Estimer les coûts 7.3 Déterminer le budget		7.4 Maîtriser les coûts	
8	Management de la qualité		8.1 Planifier le management de la qualité	8.2 Mettre en œuvre l'assurance qualité	8.3 Maîtriser la qualité	
9	Management des ressources humaines		9.1 Planifier le management des ressources humaines	9.2 Constituer l'équipe de projet 9.3 Développer l'équipe de projet 9.4 Diriger l'équipe de projet		
10	Management des communications		10.1 Planifier le management des communications	10.2 Gérer les communications	10.3 Maîtriser les communications	
11	Management des risques		11.1 Planifier le management des risques 11.2 Identifier les risques 11.3 Mettre en œuvre l'analyse qualitative des risques 11.4 Mettre en œuvre l'analyse quantitative des risques 11.5 Planifier les réponses aux risques		11.6 Maîtriser les risques	
12	Management des approvisionnements		12.1 Planifier le management des approvisionnements	12.2 Procéder aux approvisionnements	12.3 Maîtriser les approvisionnements	12.4 Clore les approvisionnements
13	Management des parties prenantes	13.1 Identifier les parties prenantes	13.2 Planifier le management des parties prenantes	13.3 Gérer l'engagement des parties prenantes	13.4 Maîtriser l'engagement des parties prenantes	

www.ingramcontent.com/pod-product-compliance
Lightning Source LLC
Chambersburg PA
CBHW070402200326
41518CB00011B/2033